北京文化中心建设课题研究丛书

文化北京

——北京文化中心建设课题研究（总报告）

主编　金元浦　秦昌桂

金元浦　等著

北京市文化发展中心　编

新 华 出 版 社

图书在版编目(CIP)数据

文化北京：北京文化中心建设课题研究丛书：全7册／北京市文化发展中心编.
北京：新华出版社，2015.7
ISBN 978-7-5166-1798-4

Ⅰ.①文… Ⅱ.①北… Ⅲ.①文化事业—建设—研究报告—北京市 Ⅳ.①127.1

中国版本图书馆CIP数据核字(2015)第145293号

文化北京：北京文化中心建设课题研究丛书

北京市文化发展中心　编

出 版 人：张百新	责任印制：廖成华
责任编辑：孙大萍　王妍妍　时光慧	装帧设计：北京兰卡绘世

出版发行：新华出版社
地　　址：北京市石景山区京原路8号　　邮　　编：100040
网　　址：http://www.xinhuapub.com
经　　销：新华书店
购书热线：010-63077122　　　中国新闻书店购书热线：010-63072012

照　　排：北京兰卡绘世图文设计有限公司
印　　刷：深圳市佳信达印务有限公司

成品尺寸：787毫米×1092毫米　　1/16
总 印 张：102.75　　　　　　　　　总 字 数：1300千字
版　　次：2015年12月第1版　　　　印　　次：2015年12月第1次印刷

书　　号：ISBN 978-7-5166-1798-4
定　　价：280.00元

图书如有印装问题请与出版社联系调换：010-63077101

编委会

前言

　　文化，是党和国家新一代领导集体推进国家治理体系和治理能力现代化的重要组成部分。从文化的发展和繁荣来看，如何从经济、政治、文化、社会和生态文明五位一体的宏观整体上进行文化改革的顶层设计，并从改革的系统性、整体性、协同性出发辩证施政，是新一代领导集体推进文化发展的重中之重。十八届三中全会、四中全会和五中全会的决定，强调全面深化改革的总目标是完善和发展中国特色社会主义制度，必须更加注重改革的系统性、整体性、协同性，加快发展社会主义市场经济、民主政治、先进文化、和谐社会、生态文明。这就为我们全面深化改革确定了大框架，大格局。文化的核心是思想，文化繁荣发展的根本目的是以文化人。要让北京丰富的先进文化资源活起来、动起来，走进群众的生活里，融入群众的思想中。

　　将北京建设成为具有中国特色的世界城市，成为具有全球影响力的国家文化中心，这是党中央对北京的准确定位，是对北京文化的顶层设计，是北京建设成为具有世界影响力的国家中心城市的总纲领和总蓝图，也是北京全面建设国家文化中心的动员令与集结号。这是北京的历史所由，这是北京的希望所在，这是北京的人民之愿，这是北京的未来寄托。

　　到2020年，北京要在更高水平上建成全国文化精品创作中心、文化创意培育中心、文化人才集聚教育中心、文化要素配置中心、文化信息传播中心、文化交流展示中心。在十八大精神指引下，进一步发挥好首都文化中心的表率引领作用、辐射带动作用、提升驱动作用、桥梁纽带作用、荟萃集聚作用，全力实现首都思想

道德水平显著提升、文化事业全面繁荣、文化体制活力迸发、文化创意产业发达、城市文化魅力彰显、文化名家精品荟萃、文化科技深度融合、文化国际影响力显著增强等八大目标。

习近平同志极为关心北京的发展,多次来到北京视察。他在北京视察时指出,建设好首都,推动北京持续健康发展,需要付出长期艰苦的努力。北京地位高、体量大、实力强、变化快、素质好,是其主要特点和优势,同时不断发展的北京又面临令人揪心的很多问题。把各方面优势发挥出来,把各种问题治理好,要处理好国家战略要求和自身发展的关系,在服务国家大局中提高发展水平。习近平就推进北京发展提出了新的要求。即首先明确城市战略定位,坚持和强化首都全国政治中心、文化中心、国际交往中心、科技创新中心的核心功能,深入实施人文北京、科技北京、绿色北京战略,努力把北京建设成为国际一流的和谐宜居之都,带动京津冀全面协调发展,这是对北京建设具有全球影响力的文化中心的最新要求和精准定位。

十八大以来,我国文化获得了进一步发展,十八届三中全会做出的《中共中央关于全面深化改革若干重大问题的决定》,是未来十年我国全面发展的进军号角与宏伟蓝图,对于推进文化的改革创新做了全面系统的阐述。《决定》紧紧围绕建设社会主义核心价值体系、社会主义文化强国,深化文化体制改革,加快完善文化管理体制和文化生产经营机制,建立健全现代公共文化服务体系、现代文化市场体系,推动社会主义文化大发展大繁荣,提出了一系列创新性的观点。这是党在新的时代条件下带领全国各族人民进行的新的探索,对于建设社会主义文化强国,具有重要的现实意义与长远的历史意义,吹响了文化体制机制创新的进军号,将对我国文化发展产生重大影响。

2015年10月闭幕的五中全会更加明确地提出，实现"十三五"时期发展目标，破解发展难题，厚植发展优势，必须牢固树立并切实贯彻创新、协调、绿色、开放、共享这五大发展理念。新的发展理念，为新时期的发展勾勒了清晰路径，擘画了推动发展全局深刻变革的全新蓝图。北京文化中心的建设必须遵循五大理念的引领和相互融合的协同发展。

在五大理念中创新居于国家发展全局的核心位置。我们必须在这一核心动力影响下，不断推进理论创新、制度创新、科技创新、文化创新等各方面创新，让创新贯穿北京四个中心的建设和发展，让创新在全社会蔚然成风。北京要按照中央的部署，把发展基点放在创新上，形成促进创新的体制架构，塑造更多依靠创新驱动、更多发挥先发优势的引领型发展。

文化创新必须培育发展新动力，优化劳动力、资本、土地、技术、管理等要素配置，激发创新创业活力，推动大众创业、万众创新，释放新需求，创造新供给，推动新技术、新产业、新业态蓬勃发展。

文化创新必须继续深化文化体制改革，实施重大文化工程，扶持优秀文化产品的创作生产、加强网络内容建设、构建中华优秀传统文化传承体系、倡导全面阅读、发展体育事业、做好2022年北京冬季奥运会筹办工作等。

文化创新必须不断完善公共文化服务体系、文化产业体系和文化市场体系，推动文化社会效益和经济效益协调健康发展。面对互联网时代给文化发展带来的新机遇和新挑战，实施"'互联网+'行动计划"，增强互联网对文化提升发展的支撑能力，加快文化产业结构优化升级，发展骨干文化企业和创意文化产业；培育新

型文化业态和新的文化经济增长点，扩大和引导文化消费；推动传统媒体和新兴媒体融合发展，加快媒体数字化建设；优化媒体结构，规范传播秩序；提升国际传播能力建设，创新对外传播、文化交流、文化贸易方式，推动中华文化走出去。

北京市市委书记郭金龙在刚刚闭幕的中共北京市委十一届八次全会上指出：

北京作为全国文化中心，文化发展具有风向标和引领作用，必须更加自觉地服务国家文化发展大局。要加快建设先进文化引领高地，在培育和践行社会主义核心价值观、提升城市文明水平、加强思想意识形态工作、促进物质文明和精神文明协调发展等各方面走在全国前列。要建设全国文化中心还必须推动全国文化中心与全国政治中心、国际交往中心、科技创新中心的有机融合，履行好新时期首都职责。

这是"十三五"时期北京建设全国文化中心的行动纲领。

在一系列中央精神指引下，在市委宣传部指导下，我们编写了这套丛书。分别从六个方面研究并论述了北京建设全国文化中心的现实状况、实现路径和未来方向：

北京作为全国文化中心城市，首先要建成中国乃至世界的文化精品创作与研发中心。要破除我国目前在文艺创作中出现的有高原无高峰的现状，通过净化文化精品育成的环境，完善创作机制，健全传播与接受机制建设，创作出具有时代特征并能得到人们普遍认可的既有"思想性""艺术性"，同时又具有"观赏性""消费性"的作品。伟大的时代需要与其相称的伟大艺术精品和引领伟大时代艺术的文化艺术大师。北京建设文化精品中心，就要充分挖掘和利用北京独一无二的深厚文化资源和人才资源，在传承优秀民族文化经典和吸收国外先进文化的基础上，排除干扰，聚精会神，目不旁骛，潜心打磨，必将产生一批有世界影响力的文化大家和文化经典，实现文艺创作和艺术教育从高原到高峰的飞跃。

北京建设文化创意培育中心，旨在通过文化创意培育有效提升北京的文化凝聚力、文化生产力和文化创造力，为北京的文化中心建设提供软实力支撑。作为全国文化创意培育中心，文化创意是城市可持续发展的"推进器"。创意北京建设的着力点，在于通过创新教育模式、创意权益的保护、城市空间的合理规划、创意氛围和社会环境的营造、城市创意指数的构建、优势行业的培育与发展等，把文化创意培育中心建设融入到北京城市转型发展和创新驱动战略之中，全面提升北京文化创意产业的质量和效益。

北京建设文化人才集聚教育中心，充分体现出人才对城市发展的重要性。在城市大竞争的时代，人才尤其是文化创意人才，作为城市发展最主要推动力的作用正日益展现出来。在某种意义说，全球高端城市的竞争从根本上说是人才的竞争。北京建设高水平的文化人才集聚教育中心，是要在当代文化、科技与经济高度融合发展的时代背景中，通过建立国际化的高端人才吸引机制、健全现代化的文化人才激励机制、打造系统化的文化人才管理机制、完善全方位的文化人才保障机制等一系列举措，为城市建设培育、吸引优质的复合型的文化创意人才，为提升城市发展水平和品质提供智力支撑。

北京建设文化信息传播中心，承载着服务首都、辐射全国的双重使命。从全球传播格局来看，北京声音在一定意义上代表着中国声音，大力发展北京文化信息传播，在国际传播格局中赢得一席之地，是新形势对北京

的更高要求。加强文化信息传播中心建设，发展文化信息传播产业，既符合北京城市功能地位，又能与国家文化软实力建设中发挥全国示范作用的要求相适应。在"互联网+"引领我国文化领域大发展的新时代，北京大力发展文化信息传播，应秉持"大传播"理念，强化互联网思维，努力探索在传统媒体与新媒体融合语境下如何提升主流媒体传播影响力与公信力的途径，加快推动传统媒体和新兴媒体深度融合的探索与实践，提升北京在全国乃至世界文化信息传播格局中的公信力、号召力。

北京建设文化要素配置中心，旨在厘清全国文化中心城市的核心文化要素，并对其进行合理配置。城市文化要素拥有多样化的分类和属性，从时间属性来说包括历史文化与现代文化两大类，从功能属性来说包括首都文化服务功能和地域特色文化功能，从性质属性来说包括公共文化和文化产业，从形态属性来说包括精神文化和物质文化，从产业属性来说包括生产文化和消费文化。可以说，历史文化、公共文化、文化产业、文化消费以及城市所展露出的文化精神，构成了北京作为文化要素配置中心的核心支撑。同时，如何合理配置这些复杂多样的要素，使其多样共生，相融相谐，是北京面临的重大考验。北京建设具有世界影响力的文化中心城市，就是要在各文化要素配置中充分发挥北京作为中心城市和首都城市的影响力、辐射力，从而在中华民族文化复兴的伟大新时代，创构世界文明的全新经典。

北京建设文化交流展示中心，就是要面对国际国内两个市场，两个空间，树立起文化中国、文化北京的国际形象和世界城市的新品牌。北京建设文化交流展示中心，得益于北京所具有的丰富的历史文化资源，使得北京城市本身具有去向世界各国展示中华文化的特有魅力，切实有效地提升中国文化的国际影响力。文化贸易与交流展示平台是交流展示中心建设的两大支撑。其中，文化贸易是交流展示中心建设的硬实力，它以文化与经济相结合的方式，有助于北京在世界文化格局中营造话语权；而交流展示平台则是发展的软实力，讲好中国故事，展示中国精神，发掘中华智慧，滋养世界文明。这一切，都必须在全球各个国家、各个民族、不同地域之间通过展示、对话、交流、沟通来解决，最终实现双赢、共赢的共同目标。

推进北京全国文化中心建设，以文化精品创作中心、文化创意培育中心、文化人才集聚教育中心、文化信息传播中心、文化要素配置中心、文化交流展示中心为着力点，深化文化体制机制改革与创新，充分挖掘历史文化资源，完善公共文化服务体系，加强文化产业的设计和决策，灵活处理文化市场和政府指导的关系，是提升北京作为全国乃至世界文化中心影响力的必由之路。同时，我们也应当看到，文化中心建设是一个内涵和外延都较为复杂的概念，涉及文化创作、文化创意、文化人才、信息传播、要素配置和文化交流等多个层面，而且伴随着文化与科技、经济等领域的融合趋势进一步增强，建设全国文化中心不仅仅单纯是文化本身的任务，更是一个涉及多个领域的系统性工程。作为六本书的总纲，我们又编写了《北京建设国家文化中心研究（总报告）》一书，以总领并介绍各分册的内容，更利于读者阅读。

习近平同志曾指出，文化的力量，或者我们称之为构成综合竞争力的文化软实力，总是"润物细无声"地融入经济力量、政治力量、社会力量之中，成为经济发展的"助推器"、政治文明的"导航灯"、社会和谐的"粘合剂"。而应对当前我国发展面临的一系列矛盾和

挑战，关键则在于全面深化改革。必须从纷繁复杂的事物表象中把准改革脉搏，把握全面深化改革的内在规律，特别是要把握全面深化改革的重大关系，处理好解放思想和实事求是的关系、整体推进和重点突破的关系、顶层设计和摸着石头过河的关系、胆子要大和步子要稳的关系、改革发展稳定的关系。这从方法论上给了我们一把辩证法的钥匙。

欣逢伟大变革的新时代，承载着中华民族复兴的历史使命，我们信心百倍，激情满怀：我们的中国梦一定要实现，我们的中国梦一定能够实现。

目录

绪　论 北京，走向高水平文化治理体系的建设/001

第一节 顶层设计，辩证施政，历史理性，改革激情 …… 001

第二节 明确市场在资源配置中的决定性作用 ………… 004

第三节 构建具有中国特色的公共文化服务体系 ……… 007

第四节 进一步扩大对外文化交流 …………………… 010

第一章 中华文化的伟大复兴是中国梦、北京梦的灵魂/015

第一节 中国梦的文化精神和哲学基础 ……………… 016

第二节 中国梦是中华民族伟大复兴的文化梦 ……… 021

第二章 北京建设文化精品创作中心／029

第一节 立足区域定位，构建适宜创意人才和
文化企业成长的环境 ……………………… 029

第二节 激活创作动力，构建一体化精品
创作的孵化机制 …………………………… 034

第三节 建构一体化创意支持系统，打造系列
　　　公共艺术精品 ·················· 038

第四节 打造国家级艺术创意支持系统，推出
　　　鼓励创新的"春风工程" ············ 042

第三章 北京建设文化创意培育中心／051

第一节 创意再次成为全球经济与文化实践推进的中心 ··· 052

第二节 创意培育中心的形成和发展 ············ 062

第三节 培育北京文化科技融合创新的新机制 ······· 069

第四章 北京建设文化人才集聚教育中心／077

第一节 文化人才：未来世界经济的最主要推动力 ······ 077

第二节 创意阶层：北京建设世界性城市的
　　　重要标志和发展动力 ·············· 080

第三节 北京文化人才集聚教育的问题与挑战 ······ 085

第四节 构建北京文化人才的集聚机制 ·········· 093

第五章 北京建设文化信息传播中心／101

第一节 北京文化信息传播的现状与成就 ········· 101

第二节 北京文化信息传播存在的主要问题 ········ 104

第三节 北京文化信息传播的定位与举措 ········· 110

第六章 北京建设文化要素配置中心／117

第一节 北京作为全国文化要素配置中心的现状 ······ 118

第二节 推动全国文化要素配置中心建设的对策建议 …… 124

第七章 北京建设文化交流展示中心/127

第一节 北京建设国际交流展示中心的进展与现状 ……… 127

第二节 北京建设国际交流展示中心的挑战 …………… 130

第三节 推动北京建设国际文化交流展示中心的路径 …… 135

第八章 北京建设具有世界影响力的文化中心城市/141

第一节 西方语境下的"文化城市" …………………… 141

第二节 中国语境下的"文化城市" …………………… 147

第三节 "文化城市"理念的理论内涵 ………………… 152

第四节 北京政府间国际文化交流现状：

友好城市、文化年 ………………………… 156

文化北京

绪　论
北京，走向高水平文化治理体系的建设

　　十八届三中全会作出的《中共中央关于全面深化改革若干重大问题的决定》（以下简称《决定》），对推进文化体制机制创新作了全面系统的阐述。《决定》紧紧围绕建设社会主义核心价值体系、社会主义文化强国，深化文化体制改革，加快完善文化管理体制和文化生产经营机制，建立健全现代公共文化服务体系、现代文化市场体系，推动社会主义文化大发展大繁荣，提出了一系列创新性的观点。这是党在新的时代条件下带领全国各族人民进行的新探索，对于建设社会主义文化强国，具有重要的现实意义和长远的历史意义。《决定》吹响了文化体制机制创新的进军号，将对我国文化发展产生重大影响。

第一节　顶层设计，辩证施政，历史理性，改革激情

　　《决定》的一个重要创新是提出了构建国家治理体系和实现治理能力现代化的要求。它的特点是顶层设计，辩证施政，历史理性，改革激情。中国特色的社会主义道路，实际上就是依照历史理性，面对历史的和现实的中国实际，不冒高，不空想，不菲薄，有

自信，来选择最适合中国国情的发展道路。

《决定》最重要的特色是整体把握，宏观设计，全面推进，点上突破。在治理方式上采取辩证施政，执两用中，疾徐不二，稳步推进的战略，在文化理念上兼顾中西，通古开新，努力寻找发展产业经济与普惠人民大众之间的平衡点，以及历史与现实、速度和效率、发展与公平，乃至大和小、内与外之间相平衡的执政风格。

在中共中央政治局第十二次集体学习时习近平同志进一步强调建设社会主义文化强国，着力提高国家文化软实力。他指出，提高国家文化软实力，要努力夯实国家文化软实力的根基。要坚持走中国特色社会主义文化发展道路，深化文化体制改革，深入开展社会主义核心价值体系学习教育，广泛开展理想信念教育，大力弘扬民族精神和时代精神，推动文化事业全面繁荣、文化产业快速发展。夯实国内文化建设根基，一个很重要的工作就是从思想道德抓起，从社会风气抓起，从每一个人抓起。要继承和弘扬我国人民在长期实践中培育和形成的传统美德，坚持马克思主义道德观、坚持社会主义道德观，在去粗取精、去伪存真的基础上，坚持古为今用、推陈出新，努力实现中华传统美德的创造性转化、创新性发展，引导人们向往和追求讲道德、尊道德、守道德的生活，让13亿人的每一分子都成为传播中华美德、中华文化的主体。

我国文化及其发展是巨大的系统工程。它决定国家的治理也必然是一个巨大的体系。我国文化体制机制的改革创新、文化产业的设计、决策，公共文化服务体系的建设，以及文化市场的建立和完善，是十六大以来特别是十七届六中全会以来改革开放的伟大成果。它是我党锐意推进经济体制、政治体制和文化体制综合改革的重大举措，是我国大踏步赶上全球化的时代发展潮流的关键选择，也是我国进入并参与国际高端竞争重要领域，推进中国文化走出去，实现文化复兴的中国梦的重大战略。

改革的事业又是充满激情的事业。我们看到新一代领导集体在历史理性引导下的改革创新的澎湃热情和夙夜为公的勤政躬行。习近平同志提出的中国梦，体现了新一代领导集体的对信仰的真诚，对理想的值守，对人民的热忱，和对成功和胜利的坚信。他们重新焕发了中国共产党人对于"公仆"的自觉，和对于百姓的尊崇、关爱与信任。

中国梦的核心思想之一就是最大限度地动员一切积极因素，寻找全体人民的最大共识，找到中华民族复兴这一民族精神的最大公约数。《决定》提出了以激活全民族文化创造活力为改革开放的中心环节，要让一切劳动、知识、技术、管理、资本的活力竞相迸发，让一切创造社会财富的源泉充分涌流，让发展成果更多更公平惠及全体人民。

文化体制改革是我国国家体制改革的重要组成部分。十年来，我国文化体制改革获得了重大突破。按照中央"创新体制，转换机制、面向市场、增强活力"的要求，在文化领域大力推进经营性文化单位转企改制，增强国有文化单位的发展活力和市场竞争力，培育骨干文化企业，打造一批走向世界的、有竞争力的大型企业集团，同时，鼓励民营文化创意企业快速发展，以及非公资本以多种形式进入文化创意产业领域。这些举措优化了文化产业结构，推动了一批企业在规模、档次和效益上的提升。这种努力构建统一开放、竞争有序的现代文化市场体系的方式可谓是转变文化发展方式的现实途径。说到底，只有全面建设公共文化服务体系领域文化体制的市场化改革，完成二者对位性均衡发展的任务，才能实现文化改革创新的新发展。也只有文化发展方式转变了，文化体制才可能得到改革。

《决定》对完善文化管理体制和文化生产经营机制提出了新的思路：在"管"字上下功夫，以制度管人。规范管理的方式、内容

和重点：坚持政企分开、政事分开，推动政府部门由办文化向管文化转变，进一步理顺党政部门与其所属的文化企事业单位的关系。抓好基础管理、内容管理、行业管理，以及网络违法犯罪防范和打击等工作联动机制，健全网络突发事件处置机制，形成正面引导和依法管理相结合的网络舆论工作格局。

《决定》的一个重要突破是要建立党委和政府监管国有文化资产的管理机构，实行管人、管事、管资产、管导向相统一的管理方式。在过去10年改革的推进方式上，以行政推动为主，自上而下地采取了政府决策、政府推动甚至直接办文化企业的方式，致使企业的行政色彩浓厚，市场主体地位难以确定。随着国有文化单位的分类改革基本完成，如何推动国有文化企业加快公司制改造，真正成为市场主体，成为改革全面深化的难点。《决定》高度关注新闻媒体的管理，面对当前新型媒体的高速巨量发展，要求整合新闻媒体资源，推动传统媒体和新兴媒体融合发展；推动新闻发布制度化；严格新闻工作者职业资格制度，重视新型媒介运用和管理，规范传播秩序。

第二节 明确市场在资源配置中的决定性作用

《决定》的一大亮点是将市场在资源配置中的基础性作用提升为决定性作用。经济体制改革是当前全面深化改革的重点，其核心问题是处理好政府和市场的关系，使市场在资源配置中起决定性作用，更好地发挥政府作用。市场决定资源配置是市场经济的一般规律，也是健全社会主义市场经济体制必须遵循的规律。

《决定》的重大突破在于强调建设统一开放、竞争有序的市场体系，使市场在资源配置中起决定性作用。加快形成企业自主经营、公平竞争，消费者自由选择、自主消费，商品和要素自由流动、平等交换的现代市场体系，着力清除市场壁垒，提高资源配置效率和公平性。建立公平开放透明的市场规则，完善主要由市场决定价格的机制。

《决定》旗帜鲜明地提出两个毫不动摇：公有制经济和非公有制经济都是社会主义市场经济的重要组成部分，都是我国经济社会发展的重要基础。必须毫不动摇巩固和发展公有制经济，坚持公有制主体地位，发挥国有经济主导作用，不断增强国有经济活力、控制力、影响力。必须毫不动摇鼓励、支持、引导非公有制经济发展，激发非公有制经济活力和创造力。要完善产权保护制度，积极发展混合所有制经济，推动国有企业完善现代企业制度，支持非公有制经济健康发展。

非公有制文化企业是我国文化产业的一支重要力量。《决定》特别强调了给民营企业、各种形式的非公企业的发展以更好的环境、更低的门槛，积极鼓励社会资本、民间资本进入文化产业的各个领域，不仅允许和鼓励它们在电影电视拍摄等领域继续发挥作用，还要允许它们参与对外出版、网络出版等领域，允许它们以控股形式参与国有影视制作机构、文艺院团的改制经营。

《决定》强调，必须积极稳妥地从广度和深度上推进市场化改革，大幅度减少政府对资源的直接配置，推动资源配置依据市场规则、市场价格、市场竞争实现效益和效率最优化。政府的职责和作用主要是保持宏观经济稳定，加强和优化公共服务，保障公平竞争，加强市场监管，维护市场秩序，推动可持续发展，促进共同富裕，弥补市场失灵。要尊重经济规律，实现有质量、有效益、可持续式的发展，在不断转变经济发展方式、不断优化经济结构中实现增长。

建立多层次文化产品和要素市场，鼓励金融资本、社会资本、文化资源相结合。完善文化经济政策，扩大政府文化资助和文化采

购，加强版权保护。健全文化产品评价体系，改革评奖制度，推出更多文化精品。在坚持出版权、播出权特许经营前提下，允许制作和出版、制作和播出分开。

从市场出发，就牢牢把握扩大内需这一战略基点，培育一批拉动力强的消费增长点，增强消费对经济增长的基础作用，发挥好投资对经济增长的关键作用。在汽车、住房消费经历了几年的"井喷"之后，今后我国居民消费的持续热点在哪里？作为经济改革转型升级的高端产业形态的文化产业，应当成为进一步改革的目标产业形态。发展服务业，应该发挥文化产业的"领头羊"作用。

消费是我国经济发展中最弱的一极。这与我国改革开放30多年来主要实行外向型经济和投资拉动战略有密切关系。我国的文化消费，一直处在较低水平上。文化消费引领首先要将消费者置于市场主体的位置，从市场的角度探讨消费者的文化需求，以文化消费的需求来引领文化产业的发展。

我国文化产业、文化经济、创意产业的发展与西方发达国家不同。中国的文化创意产业发展与西方发达国家的不同在于，西方发达国家发展文化产业是自下而上的，即由市场需求推动的；而中国文化产业是自上而下的，是通过前瞻性规划在全国范围内全面推动的。

西方发达国家文化产业、文化经济、创意经济是在全球化背景下由市场推动的，是市场导向、需求导向、消费推动型的产业形态，由消费者长期形成并不断创新的文化需求来推动。比如影响全球的欧美大众流行文化（美国的电影市场、欧洲的戏剧市场），日本的动漫市场，韩国的游戏娱乐市场，都是首先由社会产生了需求，需求推动消费，消费拉动市场，市场引发产业的兴旺，并激发创意的风起。

作为赶超型后发国家，中国敏锐地把握了世界文化产业、文化经济、创意产业蓬勃发展的大趋势，看到了"弯道超车"的重大机遇。在我国文化发展理论界的研究与呼吁下，形成了广泛的社会共识，最终在党的十六大上确定了发展文化产业的大政方针。在过去的十多年中，在党和中央政府的战略决策（特别是十七届六中全会以来）的大力推动下，我国文化创意产业获得了前所未有的成就。战略决策、规划布局、党政督办、政策引导、财政鼓励是这一阶段的主要举措，而政绩冲动，匆忙上马，贪大求速，短期效应，往往是不少地区文化产业发展的基本态势，地产为本，大项目牵头、政商协作，各得其所，是一些地方推动文化产业发展的基本方式。

文化消费是促进整个文化产业良性循环发展的原动力，就发展文化产业而言，投资是否有效益，文化企业能否做强做大，从根本上讲，取决于是否有发达成熟和旺盛的消费市场。据统计，北京文化创意产业近三年年均投资已经达到300亿元左右，而文化消费在200亿元左右，文化消费的增长跟不上文化投资的增长。目前，美国与西欧一些国家的文化消费已经占到家庭总收入的30%，而北京不到10%。北京文化消费市场蕴藏着巨大的发展空间。2013年北京市举办的首届北京惠民文化消费季，成效显著，在为期45天的活动中，累计消费人次为2654.3万人，总成交金额为52.3亿元。

北京为发展中国文化市场和文化消费树立了一个样板。

第三节 构建具有中国特色的公共文化服务体系

习近平同志指出，在漫长的历史进程中，中国人民依靠自己的勤劳、勇敢、智慧，开创了各民族和睦共处的美好家园，培育了历久弥新的优秀文化。《决定》对建立健全现代公共文化服务体系作了清晰而具体的部署。

我国正在构建具有中国特色的公共文化服务体系，这是中国特色社会主义文化建设的创举，是建设服务型政府的重要举措，也是

民生建设的重要内容。

习近平同志指出，每个国家和民族的历史传统、文化积淀、基本国情不同，其发展道路必然有着自己的特色；要讲清楚中华文化积淀着中华民族最深沉的精神追求，是中华民族生生不息、发展壮大的丰厚滋养；讲清楚中华优秀传统文化是中华民族的突出优势，是我们最深厚的文化软实力；讲清楚中国特色社会主义植根于中华文化沃土、反映中国人民意愿、适应中国和时代发展进步要求，有着深厚历史渊源和广泛现实基础。中华民族创造了源远流长的中华文化，中华民族也一定能够创造出中华文化新的辉煌。独特的文化传统、历史命运和基本国情，注定了中国必然要走适合自己特点的发展道路。

建立公共文化服务体系，提供公共文化服务，是现代民族国家构架的重要组成部分和现代性发展的必然要求；它不仅是现代民主的重要内容，也是保障公民基本文化权力，吸引社会广泛参与的重要形式；同时，也是保护国家民族物质与非物质文化遗产的根本保证。

公共文化服务体系的建立包括完善公共文化服务网络，创新公共文化服务方式，健全公共文化服务组织体制和运行机制，维护低收入和特殊群体的基本文化权益，加强农村文化建设等一系列重要工作内容。它是我国服务型政府工作的重要组成部分。

公共文化服务体系建设的出发点、依据和最终目的，是满足广大公民对公共文化权益的普遍需求，提高民生文化福利水平，加强全民人文精神培育；其重要特征是非营利、公益性。所以，建设公共文化服务体系的首要原则是要坚持公益公利，公平公正，公众参与，普惠于民。公平公正是现代文明社会基于"法律面前，人人平等"的基本人权的确认而坚持的重要价值理念。它强调公民获得公共文化服务的"平等权"。

基于我国文化多样性的现实，建设公共文化服务体系要尊重、维护和满足不同层次、不同群体、不同地域、不同族别的公民的文化权益和文化需求，坚持普遍参与，多样发展的原则；并特别关注妇女、儿童、残疾人等弱势群体，保护他们的文化权益不受侵害。兼顾城乡之间、地区之间的协调发展，统筹规划，合理安排，形成实用、便捷、高效的公共文化服务网络。

《决定》针对新形势、新变化和新需求作出了重要决策：要在全球市场的环境下大力发展市场导向的文化创意产业，同时要关注民生，利民惠民，以民为本，发展公共文化服务、构建公共文化服务体系，实现二者辩证的对位性发展。一方面，它体现了我党审时度势，能够面对新的国际经济发展态势作出战略选择；作为市场经济国家，我国当前文化体制的改革和文化创意产业的发展，遵循市场经济的基本原则，获得了长足的发展，并日益走向全球市场；另一方面，它又从我党的根本宗旨出发，代表了最广大人民群众的长远的根本的利益，以公共投入和规划建设的方式，满足公民进入小康时代日益增长的精神文化的基本需求。这一对位性创举，是不同于美国、欧洲各国的具有中国特色的发展模式。它还处在探索完善阶段，但已显示出强大的生命力和巨大的发展潜力。

发展公共文化服务、构建公共文化服务体系是实施以人为本、以均等化的方式保障每一公民的基本文化权利，提升公民文化素养，构建和谐社会的必要形式；是适应当代世界潮流，建设现代民主国家的必由之路；是提高文化软实力实现文化大发展大繁荣的重要途径；也是实施中国文化走出去，重建文化中国国家形象的根本措施。总之，建立公共文化服务、构建公共文化服务体系是提高我国综合国力和文化竞争力的强大推动力量。

发展市场导向的文化创意产业将为我国公民提供更加丰富多样的不同档次的文化产品，以适应不同层次公民的多样化的个性化需求。产业在市场化的发展中不断壮大，全面提升文化自身的造血功能，并为公共文化服务体系积累资金，培育文明，开拓道路。

文化创意产业发展与公共文化服务体系建设是落实科学发展观的两个重要组成部分；二者的协同和配套是文化全面发展的必要构成，缺一不可。文化创意产业与公共文化服务体系之间不是截然区隔的，而是相互支撑，交融互补，相需为用，共同发展的。二者不仅相反相成，又相辅相成。文化创意产业要为文化繁荣提供丰富多样的文化产品，公共文化服务要为文化发展提供良好的设施和环境；文化创意产业要为消费者的更高、更特殊的需求创造更多更好的精神产品。

第四节 进一步扩大对外文化交流

《决定》强调，要进一步提高文化开放水平，进一步扩大对外文化交流，加强国际传播能力和对外话语体系建设。习近平同志指出，对世界形势发展变化，对世界上出现的新事物新情况，对各国出现的新思想新观点新知识，我们要加强宣传报道，以利于积极借鉴人类文明创造的有益成果。他在中共中央政治局第十二次集体学习时进一步强调：提高国家文化软实力，要努力提高国际话语权。要加强国际传播能力建设，精心构建对外话语体系，发挥好新兴媒体作用，增强对外话语的创造力、感召力、公信力，讲好中国故事，传播好中国声音，阐释好中国特色。对中国人民和中华民族的优秀文化和光荣历史，要加大正面宣传力度，通过学校教育、理论研究、历史研究、影视作品、文学作品等多种方式，加强爱国主义、集体主义、社会主义教育，引导我国人民树立和坚持正确的历史观、民族观、国家观、文化观，增强做中国人的骨气和底气。

联合国教科文组织在《世界文化多样性宣言》中指出：文化在不同的时代和不同的地方具有各种不同的表现形式。这种多样性的具体表现是构成人类的各群体和各社会的特性所具有的独特性和多样化。文化多样性是交流、革新和创作的源泉，对人类来讲就像生物多样性对维持生物平衡那样必不可少。从这个意义上讲，文化多样性是人类的共同遗产，应当从当代人和子孙后代的利益来考虑予以承认和肯定。

要增强中华文化的软实力，推动中华文化走向世界，中国必须要在两个方面同时发力：一方面，加强中国传统文化和当代文化的传播弘扬，理顺内宣外宣体制，支持重点媒体面向国内国际发展；鼓励社会组织、中资机构等参与孔子学院和海外文化中心建设，积极承担人文交流项目。要精心做好对外宣传工作，创新对外宣传方式，着力打造融通中外的新概念、新范畴、新表述。另一方面，要从国际市场出发，支持文化企业到境外开拓市场，培育一批外向型的文化跨国企业，使其作为"国家队"参与全球文化市场的红海竞争。

交流，沟通，交往，对话是当今时代文化之间，国家之间，民族之间合作共赢的必由之路。以中国和合文化为参照的执两用中的中国思维，作为21世纪世界文化交流的重要参照。从根本上讲，中国文化的和合理念、执两用中的中庸之道是一种文化间性本位，是即此即彼、非此非彼、亦此亦彼的第三生成物。它是世界各个共同体间相互协商，谈判、让步、融合的结果。这一结果就是全球文化的公共领域与空间。

和而不同，同则不继。文学范式与话语的多样化引发对话与竞争，而对话与竞争又进一步催生了创造的多样性。没有对话，就没有共同性，也就没有交流的基础；没有竞争，多种范式、多种话语就没有了张力关系或张力结构；没有张力，也就没有创新的动力。没有创新的动力，实际上也就没有了创新。在求同存异的基础上，学术文化要通过竞争发展，竞争是优化发展的基本途径，而创新——筹划、设计、投射，则是竞争中制胜的法宝。因此，在多样化现实中，当对话建立了同一性基础时，竞争就会倏然莅临。

针对如何进一步开放创新，习近平同志提出，要讲好中国故事，传播好中国声音。中国故事、中国声音，不仅是中华民族集体记忆的结晶，也是每一个成员共享历史和精神的过程与结果。这种共同记忆，既是民族群体共同生活的记录与积淀，又是走向世界走向未来的共同基础。它不仅是形成民族凝聚力的基本要素，也是社会自我发展自我完善的内在机制。

保证伟大民族集体记忆得以传承、交流和发扬的条件是提取该民族意识的精华，并不断创造新的经典。因此，我们要把中华民族最伟大的思想、观念、文学、艺术、伟大的代表人物、最好的故事以及最好的声音传达给这个世界，并面向未来一切时代。

从国际市场来看，十八大以来，我国对外开放由出口和吸收外资为主转向进口和出口、吸收外资和对外投资并重的新形势，实行更加积极主动的开放战略，加快完善更加适应发展开放型经济要求的体制机制，有效防范风险，以开放促发展、促改革、促创新。

《决定》确立了市场在资源配置中起决定性作用。指出经济体制改革是全面深化改革的重点，核心问题是处理好政府和市场的关系，使市场在资源配置中起决定性作用和更好发挥政府作用。建设统一开放、竞争有序的市场体系，是使市场在资源配置中起决定性作用的基础。这一原则的确定，指出了我国对外文化贸易发展的总的方向。

对外文化贸易作为最广泛的文化交流途径和特定的商业性交流模式，对国家文化发展具有强大的内驱动力和可持续性。2012-2013年，我国对外文化贸易在国际经济持续走软，国内处于调整经济结构，调低发展目标的宏观背景下，依然有不错的发展。

从总体来看，2012年我国服务进出口贸易总额4706亿美元，比上年同比增长12.3%，占世界比重的5.2%，中国服务贸易出口额1904亿美元，同比增长4.6%，占世界比重的4.4%；中国服务贸易进口额2801亿美元，同比增长18.2%，占世界比重的6.8%。从对外文化贸易的各项分类行业的发展状况来看，我国对外文化贸易依然显示出总体向好的态势。以游戏、广告、设计和动漫为代表的新业态已经替代出版电影等传统产业形态，成为我国对外文化贸易的第一军团。游戏已成为对外文化贸易增长最快、前景广阔的文化产业类别。

传统文化产业图书出版、电影、电视、文艺演出稳步前行，并通过数字化、网络化、移动化实现升级换代，大力提升行业竞争力。其中我国版权贸易有一个较大的飞跃，版权引进输出比也在不断变化，从2003年的8.2:1缩小到2012年的1.9:1。版权输出数量的大幅增长，我国版权贸易逆差现象出现了明显改观。

艺术品、音乐产业异军突起，成为我国文化贸易的新亮点。艺术品贸易已经成为世界经济舞台上一个蓬勃发展的新兴领域。经济全球化的日益深化更加速了艺术品的跨国流通，形成一个全球性巨大的艺术品市场。由文化部文化市场司出炉的《2012中国艺术品市场年度报告》中指出，2012年我国艺术品市场在国内文化产业九大类中排名第一位，占据重要地位。

第一章
中华文化的伟大复兴是中国梦、北京梦的灵魂

中国梦的理念，是一个极富多义性的象征性理念，也是一个有着特定所指的复合型理念。它体现着中国政治、中国哲学、中国文化、中国社会的当代关切，是中国人的民族集体记忆和中国历史、近代苦难史和民族解放史的集中表述；是全体人民当下生存实践、生活现实、发展状况和社会变革的生动写照，是中国发展目标、未来前景的新的规划蓝图。也是中国思想、中国精神、中国智慧的高度凝练的形象化展现。它是中国当前经济、政治、文化、社会和生态文明五位一体的总括性理念；是动员中华民族一切积极力量，团结和凝聚全民族最大共识，最大限度激发正能量的动员令。

在抗日战争最艰苦的年代毛泽东曾经这样说：我们中华民族有同自己的敌人血战到底的气概。有在自力更生的基础上光复旧物的决心，有自立于世界民族之林的能力。

第一节 中国梦的文化精神和哲学基础

在世界历史上，梦想，无论苦难、屠杀，还是战争、强权都不能剥夺上帝赋予人类的这一"特权"。对于每一个人，梦就是一种希望，就是一种向往，一种理想，一种对未来的期冀；对于一个民族，它则是集体的记忆，凝聚的共识，奋斗的目标，行进的方向，和为着实现那一梦想而生发的全民族的热情、动力、牺牲和担当。

德国马克思主义思想家恩斯特·布洛赫（Ernst Bloch）思考了人类永存的这种未来性，创立了一种关于梦的哲学——希望哲学。他说，"期待、希望、向往，走向尚未实现的可能性的意向，——这不仅是人的意识的根本标志，而且当它们被正确地理解和把握的话，也是整个客观实在内部的一个决定性因素。" 在希望和梦想的驱动下，人通过劳动积极解决主体和客体的矛盾，在人和世界的相互作用中，人将实现自己的本质而成为"完全的人"；世界也将消除异化而成为没有任何忧患和邪恶的理想世界，从而达到主观愿望和客观可能、主体和客体二者相互适应。这样，人类社会就将跨入充满人道主义的"具体的乌托邦"，也即人道化的"伦理社会主义"社会。他说的对，无论现实世界存有多少苦难、危险、龌龊和悲剧，人类永远地拥有未来，拥有希望，拥有梦想。

中国梦彰显中国精神。中国文化的主流精神是刚健有为、自强不息的精神。刚健有为、自强不息的文化精神可以追溯到中国文化最早的代表《尚书》和《诗经》中，这两部儒家典籍里充满勤勉稳健，勇猛深沉的前进气息。如《尚书·尧典》里对先王"克明俊德，以亲九族""历象日月星辰，敬授人时"功业的颂扬，《尚书·无逸》中对成王尽忠尽职的谆谆告诫，《诗经·公刘》《诗经·生民》中描写的周部落诞生之初的创业艰难等。

孔子是极力提倡有为并身体力行的思想家。他一生奔波，幻想以周礼匡扶乱世，"知其不可而为之"，结果是"发愤忘食，乐以忘忧，不知老之将至"。对"饱食终日，无所用心"的人生态度投以极度的蔑视。以为君子应当是"食无求饱，居无求安，敏于事而慎于言，就有道而正焉"。儒家学派的后继者们，对"有为"和"自强"的学说进一步发挥。孟子从人格修养，扩充人性中善的成分这一角度提出"吾善养吾浩然之气"；荀子则从天人关系角度提出"制天命而胜之"的著名论断。对于刚健有为、自强不息作出明确表述的是《易经》。《易经·象传》中说："天行健，君子以自强不息"，以天体运行无休无止，永远向上的规律，要求人们积极有为，勇于进取。此后，刚健有为、自强不息的精神便一直作为中国传统文化的主导精神激励着中华民族。

中国哲学的"和为贵""和而不同"是"中国梦"对世界与社会构想的思想来源，中国主张对内致力于"和谐社会"的建设，对外呼吁共建"和谐世界"，这种"天下为公、世界大同"的中国传统文化理念，为世界全球化与人类社会发展赋予了中国特色的理论内涵，为世界如何面对矛盾与冲突提供了新视角、新思路。

中国梦特别体现了中国共产党人重温革命理想，呼唤新时代的崇高信念，表达高尚的精神追求和理想境界，高举远慕、勇于承担、不谋私利、富于牺牲精神的历史使命感和民族责任感。中国梦的提出就是一次全党动员。它将最大限度地凝聚民族力量，激励全国人民特别是青年一代蓬勃向上的爱国热情，释放新时代的正能量。

中国梦体现中国道路。它是中国近代以来无数仁人志士以鲜血和头颅换来的历史经验。使中国发生天翻地覆的变化的梦想，是百年来的"现代化"梦想。现代化梦想本身并不奇特，但落实在中国身上却成为一个沉重的梦。这个梦想本身就具有自相矛盾的性质，一方面，现代化梦想不是一个中国梦，而是一个西方概念，在文化和精神上说，现代化就是去中国化，现代化梦想就是对中国传

统的否定，按照东方学的逻辑，中国的现代化梦想就是要把中国变成西方；另一方面，现代化梦想又是百年来几乎全部中国人的共同梦想，按照中国的"民心所向"原则，中国人喜欢的就是中国的梦想，而且，中国所以选择现代化梦想又是因为只有一个现代化的中国才能够反抗和摆脱西方的霸权支配，就是说，只有把中国变成西方才能够抵抗西方而重新成为中国。然而，历史证明，一切舶来的思想、理念如果不与中国社会主义建设的伟大实践相结合，就必然困难重重，屡遭挫折。改革开放以来，我们总结历史经验，不断艰辛探索，终于找到了实现中华民族伟大复兴的正确道路，取得了举世瞩目的成果。这条道路就是中国特色社会主义。

所以，民族复兴"中国梦"的形成不同于"美国梦""欧洲梦"，它是一个拥有悠久文化的世界大国自近代一百多年以来历经外敌入侵与种种苦难，不满现状的中国人顽强不屈、坚持探索，从而形成的不同于美国、欧洲国家的发展道路和民族梦想，凝聚着几代中国人的夙愿，表达了一个曾经落后的半殖民地半封建的国家图自强谋发展的愿望。它与崇尚个人主义、征服主义、实用主义、物质主义，体现为对财富与权力极致追求的"美国梦"具有根本区别，也与"二战"中遭受重创的英法等国家在对几百年殖民势力扩张与物质主义追求的反思中进行精神修复的"欧洲梦"不同。"中国梦"就是要带领中国人民远离落后挨打，走向国富民强，对外不称霸不扩张，推动世界和平发展。

中国梦是充满辉煌、苦难与胜利的民族集体记忆。

中国梦走过曲折的历程。这是一个"辉煌—衰落—复兴"的三部曲。

中华民族经历过人类历史上震撼人心的强大繁荣和辉煌之梦，它是周秦伟业，它是两汉文明，它是大唐盛世，它是宋季富土，它是元朝拓疆，它是明代兴旺，它是康乾胜景……汉唐宋三大文明巅峰留下了永远的骄傲，中国梦的影响通过丝绸之路覆盖西域、中亚、罗马，盛唐中国则通过丝绸之路，欧亚联动，形成宏阔的东方文明圈，大规模移民潮流向中国，而大唐以海纳百川的胸怀，容纳八方来客。默罕默德说："学问虽远在中国，亦当求之"。就是所谓贫弱宋朝，也是富甲天下，它的GDP总量，占据当时世界的三分之一。而大明帝国的梦想是四海同商。郑和七下西洋，比哥伦布早近百年，而伊斯兰世界和基督教世界，则对中国充满向往，大量移民潮涌向这篇富庶的大地。

那是中国辉煌的历史之梦。

然而这篇大陆也经历了1840年以来的百年梦魇，百年抗争。战争、失败、割地、赔款，那是一个祸患频仍，灾难深重的百年；那是一个民不聊生，备受凌辱的百年；那是一个悲怆而无助的"东亚病夫的百年……

民族复兴的"中国梦"是这个苦难民族的光明之梦、理想之梦，更是无数仁人志士、民族脊梁的信仰之梦、理想之梦和实践之梦。

在170多年的历史上，无数怀抱着中国梦的先驱者，面对亡国灭种的危机，为着中华民族的复兴前赴后继，牺牲前行。中国梦就是理想之火，信仰之火，奋斗之火和光明之火的熊熊燃烧。

中国近代史上睁眼看世界的第一人是谁？有人说是魏源。晚清思想家魏源，是最早做中国梦的"梦主"。他是晚清闭关锁国衰朽没落的帝国思维的批判者，是新思想的倡导者。他是林则徐的好友，为近代中国"睁眼看世界"的首批知识分子的优秀代表。中蒙最早的先驱者之一。编著《海国图志》50卷，《圣武记》，辑《皇朝经世文编》120卷。《海国图志》书中阐述了作者"师夷长技以制夷"的思想，主张学习国外先进的科学技术以抵御外国的侵略，使中国走上富强的道路。据史查，中国近代"睁眼看世界的第一人"是林则徐，这是魏源对他的评价。

林则徐则是睁眼看世界的第一人。魏源的好友。他亲自主持并组织翻译班子，翻译外国书刊。把外国人讲述中国的言论翻译成《华事夷言》，作为当时中国官吏的"参考消息"。为了解外国的军事、政治、经济情报，将英商主办的《广州周报》译成《澳门新闻报》。为了解西方的地理、历史、政治，又组织翻译了英国人慕瑞的《世界地理大全》，编为《四洲志》，还组织翻译瑞士法学家瓦特尔的《国际法》等一系列著作。通过分析外国的政治、法律、军事、经济、文化等方面的情况，他认识到只有向西方国家学习才能抵御外国的侵略。

一个毒贩子，一个假装文明的毒贩，一个明目张胆的强盗，为保护他们猖狂的贩毒行为而大打出手，开动坚船利炮，将烟毒和炮弹倾泻在这片古来而和平的大地上。而两次鸦片战争，让一个妄自尊大的帝国瞬间轰然倒塌。

请看看这一页耻辱的历史账单吧。请算算，割地多少，赔款多少？一个即将被瓜分的弱国，一个任人宰割的民族！鸦片战争以来，中国政府在帝国主义列强的强迫下共签订709个不平等条约，侵占土地174万平方公里，加上外蒙独立，共失去土地330多万平方公里。战争赔款白银共计19.5亿两。（相当于清政府1901年财政收入的十六倍）。19.5亿两的战争赔款不包括被掠夺的无数珍宝。174万平方公里土地中的20多万平方公里土地是没有签订条约而被非法侵占的，它包括帕米尔高原的二万多平方公里，外蒙以北的唐恕乌梁海地区18万多平方公里。

这是列强强加于中国的噩梦，噩梦，还是噩梦。残酷而无情的事实。

中国梦也经历了60多年来的建国伟业，特别是经历了改革开放30余年来改革大潮，它迎来了全球的"中国热"。期待，追捧，向往和攻击、污蔑同在，成就、功绩和困境、问题共生。在中国梦的转型期、攻坚期、改革的深水期。

第二节 中国梦是中华民族伟大复兴的文化梦

一千个人有一千个中国梦。中国梦究竟是什么？中国梦是解放梦、建国梦、现代化梦；中国梦是民主梦、自由梦、宪政之梦；中国梦是公平梦、富裕梦、成功梦、人民梦；中国梦是两岸和平梦，祖国统一梦；中国梦也是改革梦、小康梦、强国梦；中国梦更是全球和平梦、世界大同梦……

中国梦有无数合理的答案，但作为一个民族的集体梦想，中国梦是中华民族的伟大复兴梦。

习近平同志说，每个人都有理想和追求，都有自己的梦想。现在，大家都在讨论中国梦，我以为，实现中华民族伟大复兴，就是中华民族近代以来最伟大的梦想。这个梦想，凝聚了几代中国人的夙愿，体现了中华民族和中国人民的整体利益，是每一个中华儿女的共同期盼。历史告诉我们，每个人的前途命运都与国家和民族的前途命运紧密相连。国家好，民族好，大家才会好。实现中华民族伟大复兴是一项光荣而艰巨的事业，需要一代又一代中国人共同为之努力。空谈误国，实干兴邦。我们这一代共产党人一定要承前启后、继往开来，把我们的党建设好，团结全体中华儿女把我们国家建设好，把我们民族发展好，继续朝着中华民族伟大复兴的目标奋勇前进。

"中国梦"是中华民族的"强国梦"。中国梦是强国梦，强国梦通过经济、政治、文化和社会的改革实现，所以它是改革梦,是民主梦，是宪政梦，是法制梦，是发展之梦。实现"中国梦"还需要从体制上进一步探索与完善，要解决干部腐败、贫富差距、社会诚信、生态恶化等一系列亟待解决的问题，要把权力关进制度的笼

子里，高扬宪法的旗帜。"全国各族人民、一切国家机关和武装力量、各政党和各社会团体、各企业事业组织，都必须以宪法为根本的活动准则，并且负有维护宪法尊严、保证宪法实施的职责。任何组织或者个人，都不得有超越宪法和法律的特权。"这是中国梦实现的根本保证。

实现民族复兴的"中国梦"不但要有勇气直面问题，也要有如何解决问题的措施与方法。其实现路径是"知行合一"，实干兴邦。无论是改革梦、法制梦、民主梦、富裕梦、强国梦、复兴梦，所梦所想，所念所寄，都必须靠脚踏实地，团结奋斗，靠实践探索，靠实干兴邦。"宪法的生命在于实施，宪法的权威也在于实施。我们要坚持不懈抓好宪法实施工作，把全面贯彻实施宪法提高到一个新水平"。中国还有许多现实问题没有解决，从发展程度来讲，与美国、欧洲相比，在政治、经济、文化、道德、科学、教育等方面仍存在不同程度的落后局面，还需要大力增强解决问题的执行力。长期以来，中华民族是一个"多思""善思"的民族，往往"行"落后于"知"，知行不能同步，错失很多发展机遇，这与以美国、欧洲为代表的西方文化重视实践与探索的理性精神形成一种互补关系，中国在实现民族复兴梦想的过程中要善于学习美国、欧洲开拓、进取、务实的实践精神，要强调实干。从目前来看，中国发展正处于重要的战略机遇期，因此必须牢牢把握机遇，做到"知行合一"、实干兴邦，以身体力行的实践丰富"中国梦"的概念内涵、完善"中国梦"的思想体系，以新的中国精神参与到世界发展的实践洪流中。

"中国梦"是人民梦，是每一个中国人自己的幸福梦，具有重视个体普惠于民的本质。中国梦是人民的梦，百姓的梦，是每一个体和家庭的幸福梦、自由梦、富裕梦、安全梦和权利梦，是公平梦、成功梦，还是小康梦。马克思主义作为无产者的革命理论，极为重视无产者个体的幸福和自由。在《德意志意识形态》中，马克思和恩格斯宣称，任何人类历史的第一前提，就是"有生命的个人的存在"。在《共产党宣言》里，他们更是把共产主义社会界定为一个"联合体"。在那里，每个人的自由发展，是一切人自由发展的条件。也就是说，没有个人，没有个人的权利和自由，就没有共产主义。

"中国梦"为每一个中国人演绎"中国梦"指明了方向，"中国梦"的国家梦想由每个个体梦想、每个家庭梦想汇聚而成，它不仅以国家的名义而存在，也不仅仅作为对一百年来耻辱记忆的空洞回应而存在，它通过实现每一个国民的个人权利与个人福祉来实现。"中国梦"关注每一个公民个体在教育、工作、收入、社会保障、医疗卫生服务、居住条件环境等方面具体梦想的实现，尊重个体尊严，为个体自由全面的发展创造了可能：构建"健康的大国意识"或"理性的国民心态"。在"中国梦"的理念与实践中，个人发展的梦想与民族复兴的梦想指向一致。

中国梦是中国的和平崛起的中华民族伟大复兴，也是文化中国国民形象的树立过程。我们比任何时候都更需要向世界展现我们作为一个发展中大国国民的国民风范。我们应该既保留传统礼仪中亲切、和谐、敦厚、诚信等良好传统，又有发展中大国国民开明开放、自信进取的现代风范，用宽容、豁达、开放、开朗的心态包容世界。

"中国梦"是民族复兴的"文化梦"。中国梦是文化中国之梦，文明中国之梦，是在全球重建中国形象之梦。"文化中国之梦"蕴含着一个在经济上日益现代化的中国向世界展示自己博大浩瀚的文化蕴含、开放进取的文化品格、崇尚和平的文化理想的由衷愿望。作为中国形象在文化层面的投射，"文化中国"意味着在文化上全面传承自己优秀的民族传统文化，通过对话与交流，广采博纳世界各国文化的

优秀成果，与时俱进，充满魅力与活力的中国形象。

"中国梦"是中华民族两岸同胞以及世界各地华人共同的梦。习近平总书记会见中国国民党荣誉主席连战及随访的台湾各界人士时强调，继续推动两岸关系和平发展、促进两岸和平统一，真诚希望两岸同胞共圆中国梦。

习近平指出：大陆和台湾是休戚与共的命运共同体。近代以来，中华民族饱受列强欺凌。想起那一段屈辱的历史，每一个中国人都会心痛。实现中华民族伟大复兴，是中华民族近代以来最伟大的梦想。现在，我们比历史上任何时期都更有信心、更有能力实现这个梦想。"兄弟齐心，其利断金。"实现中华民族伟大复兴，需要两岸同胞共同努力。我们真诚希望台湾同大陆一道发展，两岸同胞共同来圆"中国梦"。携手推动两岸关系和平发展，同心实现中华民族伟大复兴，应该成为两岸关系的主旋律，成为两岸中华儿女的共同使命。

守望相助，携手共进。中国梦也是全世界华人华侨共同的梦想，是洗净百年屈辱，自信自立于世界民族之林的深切祈望，是延续和传承中华民族传统文化的普世理念的精神纽带，也是全球中华同胞沟通交流交往的现实桥梁。

中国梦是"美丽中国梦"、大美生态梦。

美丽中国梦首先是一个生态理念，经历了30多年经济社会的高速发展，我们今天面对着资源约束趋紧、环境污染严重、生态系统退化的严峻形势。如何尊重自然、顺应自然、保护自然，以自然为友，实现可持续发展，是当下中国面临的重要课题。推进绿色发展、循环发展、低碳发展，树立新的生态文明理念，落实生态文明的实践，才能实现中华民族永续发展，实现古老中国恒久美丽的千年祈愿。

美丽中国梦不仅是一个生态理念，而且是更宏伟更长远的文化—

文明理念。生态问题绝不是孤立的自然和环境问题，而是与经济建设、政治建设、文化建设、社会建设各方面紧密融合在一起的文明形态。而美丽中国梦的内涵，除了美丽山川、美丽江河，还必然地包含着美丽社会、美丽文化、美丽人生和美丽心灵。

美丽中国梦，那是一种精神，将激发全民族的创造活力；

美丽中国梦，那是一种境界，它标志着中国又踏上了一级新的台阶；

美丽中国梦，那更是一种信念，它是华夏子孙万世不移的共同信念；

美丽中国梦，那更是一个目标，一个宏伟的，惠及子孙万代的远大目标。

"中国梦"是"环球同此凉热"的亚洲梦、亚太梦、全球梦、世界大同梦。从孙中山到毛泽东，"天下为公"四个字，代表着中国人的天下梦，大同梦。中国传统文化历来就秉持"大同世界"的梦想，中国梦是"环球同此凉热"、世界为公的"大同梦"。中国永远不称霸。

对于当代这个动荡的世界来说，国家之间、种族之间、地域之间、不同宗教信仰之间的摩擦、争斗从来没有停止，战争与恐怖主义的阴影一直挥之不去。而和平、和解、协和万邦、和睦相处的和谐精神则是处理各国各民族相互关系的最佳选择。而中国对于当今世界的重大意义在于，它是世界经济、政治、文化的推进力量，是全球和平、安宁和人类幸福的创造力量。

"中国梦"秉持"求同存异"的理念，追求世界的和谐相处，承认并接受世界的多样性。中国文化是具有包容性和开放性的文化，中国文化正是在其发展历程中不断吸收、融合不同地域的文化而逐步形成的。由于中国地域宽广，中国文化自从一开始就表现出多元文化的特征，是中华大地不同文化融合的产物。历史上的"汉

唐气象"正是中华文明海纳百川的、开放博大的体现。那些富于创新，充满创造性的民族与国家，无一不是胸襟开放，广采博纳，善于吸收不同民族的文化精华。

在实现中华民族伟大复兴的"中国梦"进程中，以开阔的胸怀，广泛吸纳世界各民族的优秀文化，让中国分享世界，让世界参与中国，懂得学习他国长处并与之和平相处，不是一厢情愿地改造他者，而是兼顾他国利益，谋求共同发展，以积极的姿态与其他国家共同应对世界发展带来的新挑战，这就是中国的世界梦——大同梦的深刻内涵。

中国梦，历史之梦，现实之梦，未来之梦。中华民族共同编织的伟大的复兴之梦。

然而实现梦想的道路和实践却并不是一帆风顺的。当下的中国社会正处在巨大的社会转型期，改革的深水区，发展的瓶颈期，惩治腐败等顽疾的攻坚期。

中国梦并不都是美丽的玫瑰色。中国梦包含了各种不同的梦，它充满不同的见解，不同的方案，不同的主张，不同的"主义"，甚至充满怀疑、反对、争辩和斗争。

这十年，腐败公行，利益集团固化，贫富差距拉大，民生问题频出。从婴儿奶粉、雾霾空气、到食品危机，从土地红线，住房困局、拆迁风波到收入分配不公，从政治改革迟缓到维稳费用高企，从周边环境恶化到国际经济持续低迷，我们依然行进在一条荆棘丛生的道路上，我们依然面对着前进道路上的种种艰难与困境。

今天，公民社会崛起，网络化移动化等新媒体技术带来公共空间迅速扩张，文化多样性，价值和思想多元化，激发了全社会强劲的政治参与热情。这种参政议政的民主权利已经成为一种基本的公民需求。它关乎中国每一个普通百姓的"幸福梦"能否实现，每个人对当下的和长远的生存质量——能否喝上放心的水，能否呼吸到清洁的空气——的严重关注。中国梦并不都是宏篇大论，高头讲章，它就是这样"一碗水""一口气"的具体和实在。

中国梦的实现在于凝聚和激发改天换地，扭转乾坤的中国力量。今天，勇于做梦的中国公民越来越多，渴望对公共事务发言的普通公民越来越多，他们将自己梦想的小日子与国家梦想的大政治直接联系起来，亲身投入这一做梦的行列。人们清晰地感受到，很多生活难题，或多或少都与责任政治的缺失有关。人们强烈地反对形形色色的贪腐、无能和不作为。的确，执政党已经深刻认识到长此以往，这会招致"亡党亡国"的结局。

参与民主政治，这是一个有着近十四亿人口大国的最可宝贵的民族热情，是一个民族走向成熟的标志，是一个现代国家迈向富足强盛的最重要的条件。也是中国共产党作为代表中国人民当下与长远的根本利益的政党的执政基础。

文
化
北
京

第二章
北京建设文化精品创作中心

　　建设国家文化精品创作中心，是党中央对北京的重大部署和战略要求。北京集中了国家大量优秀的人才，又具备了全国最好的创作条件和文化艺术氛围，北京有大使命、大责任，也有大视野，大行动。百花齐放，百家争鸣，万千具有中国风格的文化艺术精品将大量涌现，北京要成为统领全国，影响世界的文化艺术精品之都。

第一节　立足区域定位，构建适宜创意人才
和文化企业成长的环境

　　根据中央政府对北京市建设政治中心、文化中心、国际交往中心、科技创新中心的基本定位，北京市在培育国家文化精品、建设文化艺术精品之都的过程中需要作更多对位的政策设计与规划。

　　首先，作为国家级文化人才、文化机构和文化资源集聚的文化中心，北京市在推动建成文化精品创作中心建设的过程中，应对自身的文化资源进行整体的调查、规划与评估，制定出基于国家文化中心的区域定位和战略思路，并建立健全推动市场竞争机制的产业政策体系。

　　完善行业遴选、培育、推广机制，加大对北京市现有的优势文

化艺术机构、工作室或个人的支持力度，活化资源、加强传播。此外，应当重点培养创意管理人才，包括对相关管理、指导部门管理人才的培训与指导，协助、支持人才发展与再造，全面推动对首都文化艺术资源的再开发。

制定整体性的资源规划、产业链整合和定位战略，推动设计服务与相关创意产业的融合，利用优势演艺产业资源和科技资源，提升首都文化旅游业的服务水平和创意水准。鼓励北京文化艺术机构与天津、河北等相关区域的文化艺术机构展开深度合作，推动京津冀大文化圈的人文资源互补和人力资源共享，局部开放政府的垄断资源，吸引更多的外来艺术家、艺术机构的入驻与投入。

营造适宜创意人才工作和生活的城市环境，提升城市发展的高科技辅助手段，催生或聚集更多的创意型企业或工作室，为各类创造性人才和机构提供高宽容度、高开放性的工作环境。制定弹性文化生产审核机制，尊重文化创作的个性化特点，大力推进文艺精品的创作、生产与传播，以主题性项目策划与实施，带动首都文化市场的整体繁荣，激发文艺工作者创作文艺精品的专业意识和责任意识，鼓励其主动投身时代、创作出更多、更好的文化艺术精品，培育并推出一批代表行业最高水平的大师级人才，构建国际传播平台、提升文艺大师的国际知名度和影响力。

推动文化创意产业政策的落地实施，并建立健全相关产业机制。北京市在"十一五"规划中，已经明确了本地区文化创意产业重点发展的六大行业：文化演出业、出版业、影视业、动漫网络游戏业、会展业和古玩业。对于这六大重点行业的发展，不仅要着眼于相关基础设施的建设，更要关注产业投资基金的设立、大型企业集团的组建和国内外市场的开拓。为推动文化创意企业的良性发展，政府、企业与社会机构需要各司其职，并借助有效的投资基金补贴或资助机制、税收减免优惠机制等手段，拉动文化创意企业自我增生能力、提升文艺精品生产的规模与效能、增加市场培育投入和网络拓展能力。

其次，"抓大扶小"，建立精品创作、传播与接受的系统化支持机制。文化精品的创造是人类认识世界、改造世界并创造自身的一种生活实践活动。这种实践活动，离不开创作主体的能动作用，同时，也会受到创作主体主观意识的限制和影响。作为创作主体的文艺家，由于其思想感情、生活经验、认识能力与审美修养的差异，他们所创造的文艺作品和文艺形象也是千差万别。因此，在制定文化艺术生产的支持政策，必须充分考虑文艺创作的个体性特点，利用国家财政支持制度和税收优惠政策等政策平台的调节作用，改变以往文化创意产业投入过度集中的局面，引导社会资金进行多元投入。

从"投大不投小"转向"抓大扶小"，在动漫、旅游演出、艺术品贸易等热门投资之外，设计必要的小型实验项目的创意支持系统，引导部分社会资金投入艺术创意实验和艺术社会公益项目，建立资金引导和绩效评估的多元化机制。利用首都在政策、人才和资源方面的先天优势，构建支持文艺精品创作生产的政府主导型机制、市场主导型机制和社会主导型机制交互作用的良性机制，为文艺精品创作奠定可持续发展的环境基础。

在此基础上，通过特定的传播渠道，进行有目的、有特色的传播，使北京文艺精品所传递的文化信息能得到广大受众的密切关注，并促进产生思想意识、文化修养、美学体验、娱乐感受等方面的效果。利用北京市教育培训资源优势，加大力度培养一批有国际交流能力、文化身份意识和艺术传播技能的策展人、经纪人和管理者，拓展传播渠道、增进传播效果。充分利用北京特有的现场传播、展览式传播和大众传播基础，拓展新媒体传播渠道、提升国际传播实力，全面提升以北京文艺为龙头的中国文化精品对内、对外

文化北京

传播实力。

具体到每一个文化艺术作品，因为其自身的特点，而形成了独特的接受机制。作为受教育程度比较高的首善之区，北京市受众接受已经初步达到积极、主动接受信息的程度。因此，推动北京市建成文化艺术精品创作中心，必须充分考虑北京受众的特点，并利用北京受众高端化的特点，反过来影响和引导艺术家的创作。有必要设立必要的政府级受众调查研究机构，对北京市文化消费水平和艺术接受水平进行深入、系统、持续的研究。

关注科技发展新动向，研究大数据时代文化艺术生产、传播和消费的新手段、新技术，建立文艺生产高效反馈机制，推动文化生产者建立起及时灵活的信息反应机制。研究现代娱乐业中比较突出的主题策划模式、故事产业模式和高科技舞台应用等，制定首都文艺创作的主题引导策略和技术应用推动策略，全面提升首都文艺创作的"创意含金量"和"技术含金量"。

推动票务系统升级，建立演艺、活动等项目接受程度的数字化信息采集系统，结合各级政府的公共文化服务体系建设平台，构建北京受众研究数据库，并设计相关公共艺术教育和文艺精品受众拓展一体化主题性品牌活动，推动北京市文化艺术消费力的全面提升，构建北京市文艺精品创作、传播与接收的良性循环机制。

最后，合理配置资源，推动北京市文化精品生产与消费机制的成熟。尽管具有明显的区位优势，但目前北京市文化精品创作也面临一些与其他区域类似的结构性难题。一方面，借助国家或区域政府投资的大制作舞台表演艺术层出不穷、各类娱乐项目琳琅满目，百姓自发的广场艺术、也在迅猛发展。另一方面，高雅艺术、民族艺术受众群逐步缩小，趋于"窄众化"；而群众艺术活动的管理体制有待革新、群众文艺自身创新能力有待提升。艺术区隔二元化现象较为严重。在一定程度上，北京文化艺术创作在体量庞大、资源雄厚、人员储备充足等优势外，也局部出现了艺术生产过剩、高雅艺术传播效率低下、艺术与社会良性互动不足等结构性问题，艺术自身也呈现出艺术生态单一、艺术创造力不足等发展瓶颈问题。不仅如此，对于人均文化、艺术设施来说，北京市依然存在局部不均衡、城乡不协调等问题。

因此，为推动北京市文化精品生产与消费机制的确立，第一，应该转变观念，在摸清家底的前提下，进行必要的宏观调配，推动传统优势文化资源最大限度面向公众开发，并设计有效平台、推动创意项目开发。避免一味按照标准化、流程化、区隔化的思维模式设计创意资源调配布局，借助有效主题策划，激活在地资源，鼓励既有空间布局范围内的文化艺术机构面向国际、国内市场推出大量精品力作。同时，通过有效的节事活动平台，整合资源，促进行业内交流互动、带动受众成长，全方位激活个体创意资源。

第二，在内容规划和购买力培育方面，政府首先应该做好文化服务的提供者，借助政府文化或艺术教育项目采购等方式，引导北京市优势艺术及艺术教育资源面向公众提供更多更好的服务项目。文化事业发展是文化产业繁荣的前提，没有良好的文化事业做基础，文化产业的发展就只会是空中楼阁。比如，北京想要戏剧产业发展，前提是要有足够多的老百姓喜欢看戏，市场够大。而想要培育老百姓对戏剧、戏曲的兴趣，北京政府则应当大力发展与戏剧、戏曲相关的公共文化事业，多建一些公益性的小剧场，多举办群众性的戏曲活动。

第三，还应设立专项基金，支持现有专业文化艺术机构、艺术教育机构和公共文化服务机构进行社会公共艺术教育职能的拓展；推出一系列全民艺术素质提升项目，借助中小学课外素质教育平台和社区公民文化服务平台，设计一批可以在全市推广的全民阅读、全民舞蹈等政府主导型全民艺术项目，设计一批可以在全市乃至全

国推广的推动青少年艺术参与项目，设计一批可以在全市乃至全国推广的老年人、残疾人等弱势群体文化共享项目。

第二节 激活创作动力，构建一体化精品创作的孵化机制

文化艺术创作的精品贵在传承优秀传统文化、创造时代精品文化，对于提升国际文化的软实力和国际影响力，带动全民创造性都有着至关重要的作用。首都文化的日益繁荣，历史文化资源得到有效保护、挖掘、传承和利用，文化事业和文化创意产业健康快速发展，公共文化设施和服务质量达到世界先进水平，文化创新活力充分彰显等等的一切，都离不开文化精品的创作和牵引力。文化创作的精品在这里起到的示范作用会更加的明显。文化创作精品在把首都建设成践行社会主义核心价值体系的首善之区、文化大发展大繁荣的标志性城市，在国家实施文化强国战略中发挥首都全国文化中心都起到了示范作用。为更好地发挥上述作用，北京市还在现有基础上，逐步构建具有全国示范作用的一体化精品创作孵化机制。

激活创作者的个体动机，转变创作理念、提升创意能力。当前，北京市文化艺术精品创作还局部存在着思想内容僵化、表现形式单调、创作活力不足的现象。部分高雅艺术作品满足于"自说自话"，处于曲高和寡状态；一些主流文化作品盲目追随市场，粗制滥造、直白空洞，尚未达到思想性、艺术性、观赏性相统一的标准。

究其原因，首先是创作者自身创作动机出现了偏差。文化艺术的创作不能只是满足创作者自身的经济需求和小部分人的利益需求，更不能以市场为借口，趋向庸俗、低俗、媚俗的老路。我们处在一个从未有过的喧嚣、浮躁的世界里，人被物欲裹挟，奔忙于烦琐的外在事务中，活得匆忙而局促。这时，文化创作精品成为一个

难题。任何文化创作精品，艺术创作者首先需要面对的总是自己的内心世界，无论外部世界如何喧闹嘈杂，艺术创作者总要保持内在的精神完整性，他需要一个"心理的单间"，把对于外部世界的所见所闻所知所感沉淀下来，仔细品味。他需要始终保持着一个属于自己的精神天地，在这里让精神松绑，在这里，与一个个艺术心灵相遇，在这里苦苦思索、不断追问，让诗意的状态成为可能。只有这样，真正的精品才成为可能。

　　然而，在这个纷繁的世界上，许多文化创作者已经失去了一张平静的书桌，东奔西走，往来应酬，创作的作品中显出急促和忙乱。随着当今社会的机遇越来越多，北京拥有悠久的历史传统，然而艺术创作者如今已经脱离了这些曾经让自己成功的生活环境稍微简陋的地方和一些古人留下痕迹的地方，于是，艺术创作者现在处在喧嚣的大城市中，对于文化创作很难静下心来，吃老本，空想象，靠出行前后翻阅一些资料，变成了一些文字。假如能够在这些文字中，与历史交会，与那些曾经生生死死、明明暗暗地在那里生活过的人和事构成种种关系，通过这些关系，或者穿透时间，去寻找人类的记忆，或者在沧桑中追问"我是谁"，或者为当下的生活寻找理由或根据，那么，文化创作精品就有了心灵的根据。但是，现在的文化创作精品虽然是去寻访饱经沧桑的历史文化遗迹，去寻找过去，但多是有高规格的接待，有当地诸侯陪同，舒适而踏实的"豪华游走"，热热闹闹，大张旗鼓，即使有点风险，也是诸如交通、天气，或者某些不可预测的情况。而且大多是有惊无险，只不过给文化创作提供了一点儿有趣的插曲而已。这种文化创作往往成为添加上一些抒情文字的导游词。对历史的表面描述无法真正叩击历史之门，也同样无法和人民大众构成对话。

　　其次，由于我国文艺创作体制长期沿袭旧制，创作者个体和文化艺术机构整体上都存在一定的原创能力不强问题。由于我国艺术

文化北京

发展历史的特殊原因，具有高水平的艺术原创人才大多集中在艺术院校、国有专业艺术表演团体当中，民营表演团体基本由私人兴办，由于受资金、人员和盈利压力等多种因素的制约，它们主要以复排和移植经典节目为主，无力进行新作品的创作生产。

最后，高素质艺术人才和管理人才严重匮乏。这个问题对于完全依赖市场发展的民营文艺表演团体来说，显得尤为重要。民营艺术团体中的专职管理人员数量不多，大多为创作人员兼任或者转行做管理，虽然熟悉业务，但是缺乏经营管理所需的专业素质。很多企业的经营者是文化人，文化人对于文化艺术等具有敏锐性，但是由于缺乏系统的商业知识和技能的训练，往往只能从事简单的业务。

为解决上述问题，使得文化创作者真正焕发生机，必须切实转变创作理念，并借助有效平台和环境要素，提升社会的整体创意能力：

其一，借鉴既有艺术园区成功经验，规避部分创意园区内容匮乏等问题，应该适当考虑利用北京现有的文化艺术优势资源，构建一个激发个体创作创意能力的原发空间。北京市拥有国内最多的成规模的专业艺术团体和艺术教育机构，因此，围绕其社会服务能力提升等实践平台，营造一系列激活既有文艺机构和艺术教育机构在地辐射能力的项目，使其成为一个地区的"创意发动机"。在历史性生成的艺术园区和基于"文化地产"的创意园区之外，这种原发性个体创意空间的营造将为艺术家提供第三种可能性。因此，立足个体创作者原发空间营造，打造一系列基于既有文艺资源的"创意发动机"，使其成为与现有艺术区和文化创意产业园区良性互动的"文创新区"。

其二，文化创意产业的健康发展依赖于个体创意的企业化运作。产业运行的微观基础是个体艺术家及私营艺术工作室、小微文化企业，中小微文化艺术工作室、企业是文化创意产业金字塔的底座，文化创意产业、文化精品创作从规模扩张到质量提升是一个转型之路，至关重要的是需要加大培育形成一大批具有发展活力的私营文化企业、工作室，为构建"专、精、尖、特"的产业体系奠定发展基础。中小微文化艺术企业及工作室、艺术家个体只有在市场竞争中善于寻觅机会、发现机会、扬长避短、发挥优势，才能取得新的发展空间。

文化精品是一个国家和时代文化发展水平的标志，其创作生产，本身即带有个性化的特点，是个人生活与艺术的个性化体验，同时又是社会主流价值的体现，需要个人审美情趣和大众欣赏习惯的结合。北京作为首都，更是全国文化中心，因此，提高北京市文化产业的整体水平，加大培养优秀创作人才的力度，在创作方面打好基础，改变创作者们在创作观念上的误区，提高原创能力与创新动力，大胆尝试多种的创作手法，才能推出更多更优良，反映当时社会的主流价值观的优秀文化精品。

其三，营构有利于文化艺术创作的财政金融系统。北京发展文化精品，不仅仅是推出一部又一部的国家正典，更重要的是打造地域名品，改变现有的财政及金融支持系统"投大不投小"的"天性"。一个高度的国际化、现代化的城市，才能够提供具有包容性的文化精品力作。因此北京在进行特色观众培育系统的构建上，就应当强化已有优势，补足弱势部分，在正确的方向与要点上，政策要给予支持，资金要给予扶持。当然，个人财富增长到一定程度的人以及有社会责任感的企业，在践行社会责任的过程中主动进行文化责任的建构，由他们推出一些准公共空间、准公共产品，进一步充实配合和补充由国家层面和财政层面提供的公共文化资源。同时在国家层面要转变思路，在税收政策等方面给这些准公共空间、NGO组织以更多的扶持政策，使之获得更大的空间。

第三节 建构一体化创意支持系统，
打造系列公共艺术精品

文化软实力的提升是国家富强、民族振兴的重要标志。而一个地区文化的发展，势必依赖于民众文化素养和个体创造性的涵育与提升。小到一个家庭，需要文化艺术作品来陶冶情操、丰富家庭教育内容；大到整个社会，需要文化艺术作品来丰富人们的精神文化生活，提升整体的艺术素质。文化艺术传播作为千百年来相沿成习、世代传递的人类文化意识的综合表现，是一种特殊的文化形态。它具有一定的社会约束力，是一种"约定俗成"的习惯力量，具有"软控制"的性质。大众流行文化时尚产品在内容上具有大众性、流行性和时尚性的特点，形式多样，形态也更加开放，传播手段丰富新颖，注重受众的拓展，具有很强的社会性。

在高雅文化与大众文化精品、传统艺术与现代艺术、中国文化艺术作品与西方文化艺术作品之间，我们应当找到一种可能的桥梁——"沟通"路径。在"沟通"路径的选择上，通常情况下，我们有艺术创作维度与接受维度的"沟通"，创作、接受艺术与社会文化判断基础标准的"沟通"。而倘使我们将其两个方向上的"沟通"剥离开来，将内核部分抽取出来，弃置差异性，归核共通性，即是找到公共艺术分享和个体艺术创造一体化的"最大公约数"。

首先，鼓励开展多种形式、多种渠道的"艺术进驻社区"活动，使北京市的城市民间及公共艺术类文化活动进入加速发展的"快车道"。

伴随着文化体制改革的深入，文化事业与文化产业迅猛发展，一个基于均等化、基本性原则的公共文化服务体系正在形成。据统计，自2003年至2012年，中央财政累计投入580.11亿元用于公共文化服务建设，年均增幅高达82.2%，现已初步实现国家公共文化服务体系的城乡覆盖。同时，按照"区别对待、分类指导、循序渐进、逐步推开"的"16字诀"，我国文化体制改革平稳顺利完成，艺术生产力和公共文化产品的生产总量急速提升。公共艺术文化活动即将步入一个创造性阶段，灵活多元的社会及企业机构应该在政策引导下开展更多系统的公共艺术服务项目配给活动，从"人民群众基本文化权益"这一逻辑起点出发，北京公共文化服务应逐步形成一个以政府为核心提供者、以文化企事业单位为主要生产者的多元化公共文化供给主体群落。

其中，博物馆、剧院、文化艺术中心等公益性文化机构充当了北京市城市民间及公共艺术类文化精品的基础生产与供给主体。如何利用节日、习俗等有形载体通过活态的文化遗产如音乐、舞蹈、饮食文化、宗教文化等活动进行展示和传承，是提升北京市公共文化服务内容质量的关键。

其次，在社区健身舞蹈等具有一定基础的参与性公共文化活动的基础上，推出一系列具有文化认同价值的公共艺术类文化精品。

公共文化艺术强调文化的原创性和原真性，以文艺美术、音乐舞蹈、戏曲戏剧等艺术形式为载体。而公共社会则强调文化的外部效应和创意的溢出效益，实行生产、生态与生活的立体互动；园区与社区的双向融合；乡村、城镇与都市的全面耦合。在二者之间，强调以文化力和创意力改变市民的思维模式、生活方式、环境营造和社会治理，应该成为公共艺术精品创造的核心主旨和基本内容。因此，应该将公共艺术生产提升到专业化层次，使其在满足广泛性、均等化公共文化配给的同时，能够逐步加大身份认同及社区营造等公共艺术内容的创造及传播。

社区营造是当代公共艺术创新要素之本。公共艺术的发展逻辑在于重视开发城市文化艺术的无形资产，运用公共艺术文化力去改造传统的物质要素，将文化资源、文化资本、知识产权、符号价值

y

文化北京

作为城镇化的重要生产要素。我们知道，北京城镇拥有独特丰富的文化遗产、农业遗产、历史故事、民间传说以及独特的山水资源、自然风光，这是取之不尽、用之不竭的公共艺术资源，具有巨大的核心竞争力。

再次，探索建立制定催生艺术原创力体制、机制与具体项目，推动文化体制改革走向"精""深""专"，为创造性人才培育提供平台。

改变传统的依托资源优势、打造精品产品的单一政策思路，从源头上探索艺术原创力的问题。在创作研发方面，作为全国文化艺术中心，北京市应该制定相应的开放的文化政策，鼓励北京市建设成为全国实验性艺术精品创作中心和艺术实验聚集地。北京虽是全国文化体制改革试点地区之一，但是在体制机制建设方面，还局部存在政府部门管的太严以及政府职能的不明确等问题，从而造成管办不分、政企不分，文化艺术的管理机制相对落后与保守。推动文化体制改革走向"精""深""专"，优先发展某些技术含量高或艺术实验程度强的文化创意产业。在激活传统文化资源、鼓励原创方面，北京市政府应当迅速整合资源，并有选择性地优先发展视觉艺术、设计艺术和表演艺术等充满科技艺术活力和原创实验能力的产业，以有效地带动相关产业的繁荣与活跃。

鼓励创造性人才培养的创新实践能力培养，推动北京市艺术精品创作的实验与研究机制建设。人才是创新、创意活动的主体，是文化创意产业发展和持续繁荣的关键。目前，北京虽然有很多院校建立了视觉艺术和设计类专业，也出现一批重点培养文化创意研发设计、营销管理和经纪人才的文化创意类专业。但是，从整体上看，这些专业在自身学科建设，特别是师资队伍建设和创新实践能力培养方面还远远不能跟先进国家的同类专业相媲美。其问题集中体现在人才培养方式和体系比较保守、陈旧；人才培养缺乏有效的产学研联合涵育机制，无法适应市场的需要；教学实践和作品研发方面相对传统，缺乏对实验性作品的激励机制等方面。

因此，应该进一步拓展人才培养的效率机制，鼓励企业与大学、院所联合，建立一批产学研一体化的创意人才培养基地。同时，加强在职培训，逐步建立教育培训和岗位实践相结合的创意人才社会服务机制。鼓励创造性人才培养的机制与平台向实践转换，推动北京市艺术精品创作的实验与研究机制建设。有了雄厚的后备人才资源和力量，北京市的文化精品创作才会有一个质的飞跃。

最后，整合、创造一批文化艺术新品牌，建立健全全民艺术创意涵育机制，拓展品牌活动的社会辐射力和国际影响力。

举办文化艺术节事活动，可以极大促进城市的交通、通信、城建、绿化等基础设施建设的步伐，优化城市环境，尤其是对于交通条件的改善具有很大的推动作用。在实际工作中，各城市在举办节事活动之前，都十分重视交通等城市基础设施的完善工作。将现有大型节事活动与旅游活动相结合，吸引更多的旅游者，北京市现有常年举办的国际音乐节、亚洲艺术节、科博会、京港洽谈会、市长企业家顾问年会、奥运系列宣传活动等，还有不定期举办的汽车展、服装节等大型专业展会。

其一，为更好地管理节事活动，应设立专门的节事管理机构，并在条件成熟时建立专项品牌活动的企业化运营机制，使之摆脱对传统文化管理机构和教育机构的依附性。政府在其中担负的是牵头、协调和服务的角色，提倡"政府主导、社会参与、企业联动"的管理模式，提高市场化运作程度，推动艺术节事活动及主题策划型文化活动的创造性、主动性和文化多元性发展。

这种模式的特点是：政府仍旧是重要的主办单位，政府引导作用主要体现在确定节事活动的主题及名称，并以政府名义进行召集和对外的宣传；社会参与就是充分调动社会各方面的力量来办好节

事活动，包括营造节事环境氛围、参与各项具体活动等方面；市场运作则指城市节事活动的举办过程，交给市场来运作，比如节事活动的冠名权、赞助商、广告宣传等方面，都可以采用市场竞争的方式，激励更多的企事业单位参加。

其二，应该整合、优化、新建一批国家级文化艺术节事活动，并推动其社会辐射力国际影响力的发挥。国际著名文化艺术节事活动对于艺术创作活动、艺术机构发展及艺术受众培养都具备巨大的推动作用，也是国际间城市活化与区域竞争的重要依据。英国爱丁堡艺术节、法国阿维尼翁艺术节等超大型艺术活动，不仅鼓励主流艺术类型的创新实验，也通过开放空间的容纳性更强的艺穗节平台对于新艺术和新观众培养起到了更好地推动作用。除了类似奥运会等超大型国际级活动外，北京市还应着力开发一批旨在鼓励创新的青年艺术节、户外艺术节等新兴节事活动，并通过专门化节事活动为各类新型艺术形式和风格提供展示和交流平台。

其三，北京市应创造条件，鼓励普通民众广泛参与艺术活动。逐步放开市场准入，鼓励建设小型艺术培育机构，增强民众的艺术修养与创意思考能力。尽量清空城市人群中的艺术空白，培育和完善的文化艺术市场。围绕北京优势，在出版、影视版权交易、艺术品交易、文化贸易保税区、音乐产业园区、街区文化等领域重点扶持，做实、做优。同时，积极探索文化艺术精品公共教育国家标准化模式，构建共享化艺术生态圈。

第四节 打造国家级艺术创意支持系统，推出鼓励创新的"春风工程"

所谓"3O模式"，是本研究结论的一个核心框架。旨在通过"开放获取""开放创新"和"开放知识"等三大创意活化平台建设，推动北京市属地公民的艺术资源共享与共创机制建设，以打造一个国家级的艺术创意支持系统。3O会聚模式，如下所示。

开放获取
Open Access

开放创新
Open Innovation

开放知识
Open Knowledge

3O会聚模式

通过开放获取、开放知识、开放创新模式的建立，达成开放的艺术知识获取平台的共识与构建，最终建构起一套支持北京市文化艺术可持续发展的资源和机制平台。政府介入的最佳平衡点是通过利用政策的撬动功能，支持、引导相关项目的确立与实施，以最大限度地让北京市民能够充分享受文化成果，成为文化艺术的受益人。

一、立足北京市文化资源开发的现有基础，通过政策引导和项目平台，建立国家级文化艺术资源的观众接近系统

北京，作为中国的首都和有着三千多年建城史、八百多年建都史的历史文化古城，有着独特的历史文化优势，北京历史文化之悠久可以上溯到大约五十万年之前的远古时代，这一点世界上几乎任何一个城市不能与北京相比。除去极其丰富的历史积累，北京市还拥有全国最丰富的艺术人才与教育资源。在此基础上，我们更加需要将北京资源通过艺术精品的形式转化并激发出创意、文化优势。

通过政府作为行政力量的导向标，开放国家级文化艺术资源（属地为北京），包括全面开放（免费）专业性的国家博物馆、美术馆等，及北京市级别的文化资源场馆，这是最重要的一步。目前所存在

的问题是，即使或多或少的国家文化场馆面向群众，其免费开放程度并不是绝对性质的，在艺术导入环节也并不充沛，在观众深入体验的艺术环节有很多忽视的地方。

在北京市二级艺术教育机构资源上，除去上海音乐学院等省外知名艺术院校，北京艺术院校资源居中国首位，各大特色艺术高校资源并非公共开放课程，也并没有固定的开放空间。如此之举，并非是将"人民洪流"冲乱文化艺术资源，而是让更多的人有序分享属于公共的文化资源。

在组织架构方面，应当拓展艺术教育机构，充分发挥其广义上的艺术教育职能。通过组织中的项目制度，开展艺术公益活动线上线下机制，这样的机制并非传统意义上政府对"送戏下乡"公益演出的买单，而是对城市公共艺术文化的一种拓展，更加积极主动与准确对位公民，发挥职能单位公共文化艺术的拓展功能，提升公民艺术品位与素质。

二、加强艺术知识产权保护的法律法规建设，构建一个鼓励全民创造性发展的国家级艺术创新知识开发系统

目前，我们对艺术类知识服务和"支持用户创新"的认识和实践还主要停留在自己开发产品、系统或直接服务方面，远远跟不上用户需求的发展。因此，从鼓励全民创造性发展的角度入手，还需要进一步开发支持利用开放信息、开放知识的开放创新机制，以适应广大知识型、创新型民众的创新潜力和创造性需求。此外，对开放信息、开放再利用、开放协同创新过程的管理政策、规范和机制，也需要在开放知识的大前提下，组织有效的服务创新，并逐步建立受众主导的参与式合作式服务创新支持机制，以充分利用北京市在文化艺术专业技能开发和集成创新方面的先天优势。

同时，还应该建立科学系统的艺术知识产权保护法律系统。版

权产业是国外文化创意产业的核心构成。例如，国外音乐剧产业的蓬勃发展与其丰富系统的版权管理制度密不可分。在艺术版权的二度开发方面，我们还有较大的发展空间。而加强版权保护并不意味着创意资源的垄断，还需要对过度保护与适度开发进行明确规定，采取协商机制与保护措施，真正做到版权与资源的合理开发。提倡个体创意与国家文化资源二度合理开发，注重艺术作品版权的保护与使用，避免不必要的版权纠纷。

三、建构国家级文化精品创作的开放创意系统，推动城乡、职业与非职业群体艺术家的协调发展，开展推动文化创意的"土壤工程"和"种子工程"

营造人与人交流与共享的文化，是当代城市人发展达到新的历史阶段后，社会需求对公共空间的价值表征和倾向的追求。

作为以人类最本真、最纯粹直接的身体为语言载体的艺术形式，艺术反而较为容易吸纳普通观众，并且在成为艺术共享目的达成之后，促成参与者个体的自信与创造力的提升，从而形成一个开放、创新的群体部落，有效促进城市包容力和整体环境的提升。本研究项目，就是通过对相关问题进行理论及实践案例分析、操作，提倡一种新的艺术受众参与的理念和方式。

对于构建艺术受众拓展实践操作方案的思考，可以衍生至艺术高等教育与社区民众生存空间的领域，引发一新的大艺术观与文化观，从而通过开拓出的艺术拓展方式，补充既有的艺术观众拓展及文化传播理念。

城市文化在整体文化环境构成中，占有重要的分量，而除了大众文化的主流艺术表演之外，另类、非主流、具体验性的艺术展演，亦是形塑城市特色不可或缺的一环。

艺术是用于启蒙、唤醒大众的工具。如何将传统的废弃边界的

公共空间"变活"，需要打破常规，需要创新，需要自由与巧妙地进驻。我们所要建立的文化、经济、社会各种因素的综合体，需要建立在有机的可持续环境之中。艺术要在一个社会里健康发展，需要多个因素的配合，才能形成有利的环境。包括：对表达自由的保障；对创意的支持、知识产权的保护；艺术家的专业训练、交流机会；作品发表、演出机会；评论、研究的兴旺；众多传播、发行渠道；传媒支持和推广；艺术教育的普及；众多观众和市场支持、业余参与；多渠道的公共机构资助；多渠道的社会资助、赞助；艺术管理专业支援，使有限资源发挥最大效用；艺术政策支持（促进可持续发展艺术生态环境）等。[1]

因此，不论是国际抑或是国内，针对人才及全民育成的创作至融入式对接，都是大力支持的。而北京如若开展切实的"土壤工程"，则可从系统创作机制上展开"公共创意"的孵化平台作用，如下图正是本书所提出的W型文化精品"公共创意"创作机制。

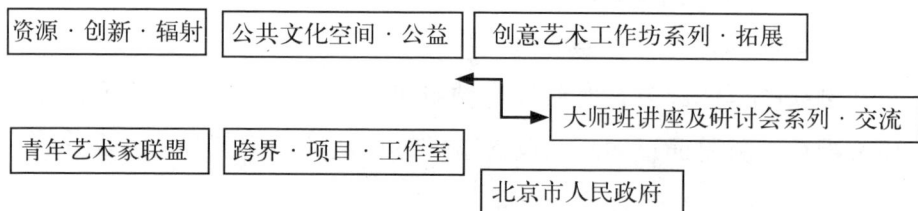

| 资源·创新·辐射 | 公共文化空间·公益 | 创意艺术工作坊系列·拓展 |

大师班讲座及研讨会系列·交流

| 青年艺术家联盟 | 跨界·项目·工作室 |

北京市人民政府

---

1 郑新文：艺术管理概论——香港地区经验及国内外案例，上海音乐出版社，2009年，第20—21页。

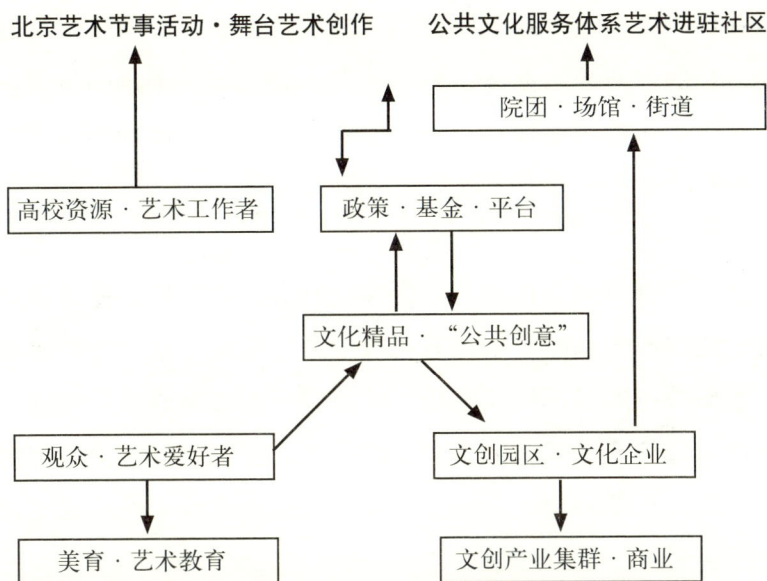

北京艺术节事活动·舞台艺术创作　　公共文化服务体系艺术进驻社区

院团·场馆·街道

高校资源·艺术工作者　　政策·基金·平台

文化精品·"公共创意"

观众·艺术爱好者　　文创园区·文化企业

美育·艺术教育　　文创产业集群·商业

W型文化精品"公共创意"创作机制

具体而言，为推动国家级文化精品创作中心建设，北京市应该在"春风工程"和"土壤工程"的基础上，推出一系列直接刺激、推动创意创作的"种子工程"：

（一）北京市文化作品孵化与创作编导计划支持系统

针对高校资源与艺术工作者，要鼓励文化的创造性。

公共文化资源、公共文化平台的目的就是让公民在没有限制、没有压力的情况下来充分释放自己的创造力，因此其公益性应当是贯穿始终的。目前，我们还没有形成一个非常的公共文化空间，让普通的民众、知识分子能够灵活和频繁地参与，从而真正发挥其公共性。所以，下一步对公共文化空间更大的期许就是：构建一个真正使社会民众、知识分子和社会贤达能够参与的、开放的、便利的、有理想的、有氛围的公共空间。

借鉴国内外先进经验，建立多层次、高效率的文化精品创作孵化平台。对政府而言，要为培养创意人才营造社会氛围，加强艺术、职业技能引导。我国可以从政府层面建立一个基于青少年文化

创意辅导中心为模型基础，以培养未来艺术家、职业艺术管理经理人为目标的政府公共服务、管理平台。营造全民创意的氛围，尤其是针对青少年的创意训练，要建立青少年创意活动社会化实践公共服务平台，尝试设立青少年文化创意辅导中心。

北京高校资源丰富，加之其位处文化资源圣地北京，因此其文化、艺术资源可控力更强，需要文化社会的创新性，并将其以文化创意产业的形式稳固下来，方可实现文化资源可运用性的辐射面开来。各高校应当实行校校联合、校企联合、校馆联合等形式，并在其间打造青年艺术家联盟，同步培育艺术工作者。打造跨界的艺术联合方式，以项目制度为线索，将艺术工作室的工作形式与合作方式进行合法化、专业化。

打造提供展示与交流的艺术节平台等节事活动，丰富艺术家的舞台艺术创作经验。

（二）北京市文化场校、社区艺术联合孵化平台搭建

针对文化场校、社区艺术联合孵化平台的搭建。

在最近十几年间，社会的建设随着经济的发展、公民意识的崛起，公民的公共意识和公共素养有了总体的提升。当然另外，由于公共空间的公共设施归属都是事业单位，它的机制相对保守的状态。因此，应该将所有的公共文化空间都变成非营利的财团法人性质，变成NGO组织或者基金会的性质，不应该保留其事业单位的属性。这样的话就可以让它们可与政府的距离形成"一臂间隔"，而不是直属政府，这样就可以通过政府采购，通过政府的项目资助，用博物馆自身的经营、效益来发挥作用。

设立文化艺术创作的体验区，对中国来说，要在没有体验公共空间概念的情况下逐渐向西方学习，导入体验区构建概念，导入公民文化艺术创作。只有有了公民参与性体验环节，才会有公民意识的崛起。

各级政府需要全面建设社区和村社图书馆、科技馆、小剧场，

推进文化惠民工程，并且不断提升相应的文化管理人员的专业水平；而文化精品的发展，则需要引导和加强文化与科技的融合、积极培育市场主体、完善市场文化体系等。在文化事业的建设方面，初步建立比较完善的服务体系，不过，要避免重视硬件设施、缺乏内容投入方面的现象，以及花费巨资维护场馆。

艺术家驻场，如北京中间美术馆，运用艺术家驻场制度吸引来自海内外的艺术家到场馆创建工作室，定期举办工作室参观与交流，以及艺术家作品成果展示，均采取国家级、国际化标准。驻留项目是中间美术馆为推进中外艺术交流、提携青年艺术家成长而举办的公益项目。项目旨在为青年艺术家提供与世界知名艺术家合作的机会，并为艺术家提供一个志同道合的社区，让不同领域的艺术家在碰撞交流中相互促进。

对于艺术教育家而言，政府要培养，要有政策导向，匹配资金支持，进行平台扶持。政府的公共文化服务的投入一定要有预算，不仅包括基础教育（九年义务制教育），也必须面对高校。开展大师班讲座及研讨会系列与创意艺术工作坊系列，实现艺术进驻社区、走进民众。

（三）构建北京市文化精品文化企业项目制产业平台与支持系统

采取有力政策，鼓励社会及私人部门提供公共文化服务，兴办非营利公共文化服务机构。展开民间创意教育资源调研，完成中小型艺术创意机构网络集成；改变政府文创基金"投大不投小"的政策惯性，鼓励政府支持资金向小微企业或社会机构倾斜。2006年1月，中共中央、国务院《关于深化文化体制改革的若干意见》指出，要加大公益性文化事业投入，调整资源配置，逐步构建公共文化服务体系。进一步完善鼓励捐赠和赞助等各项政策，拓宽渠道，引导社会资金以多种方式投入文化公益事业。北京已在这些方面率先进行制度上的积

极探索，为我国的公共文化服务体系建设提供新鲜经验。

　　既然大部分文化企业的特点是"小型化、散落型、网络状"，不一定要把这些小微企业往"规模大、实力强、集中化"的方向发展壮大。在文化经济时代，不要再认为"小的就是弱的"，而要认为"小的就是美的"，不一定要做大做强，但一定要共同繁荣，形成创意生态，让大大小小的文化企业实现全产业链的价值整合。

　　设计艺术批评的评估、支持和奖励机制。推出既符合主流价值观和国家文化安全的需要，又考虑市场和消费的需要，能够创立一种新的、既不同于西方内容分级制，也不是传统的静态审查制的内容评价和管理方式。文化创新要内置批评的机制。批评对于文化创新的根本意义在于：创新的本质是突破，没有批评就没有突破。批评不仅为文化创新提供技术性的判断，而且为它提供超越性的理念。在文化生产中，批评是文化理想的表达。

　　政府应打破"重平台，轻内容"的趋势。这不但需要政府打破个人机构对文化传播平台的垄断，让多个平台相互竞争起来，更需要政府对内容生产者采取更精细、更有效的扶持方式。

　　综上所述，北京市的文化精品种类是多种多样的，优秀的文化精品不仅带来了巨大的经济效益也带动了其他相关产业 的发展与繁荣。打造文化精品要牢记一点，那就是文化发展的本质是创新。创意、创造、创新，是文化精品的魅力所在。一方面，要立足于过去，着眼于未来，在传统文化资源中，融入新时代的元素，使文化产品能够与时俱进，跟上时代发展的潮流，能让人耳目一新，占领市场；另一方面，要进行体制机制创新。要在此基础上，进一步完善文化产品评价激励机制，建立公开、公平、公正的评奖机制，健全重点文化创作题材的评审、扶持和绩效评估机制，为生产更多更好的文化精品提供条件。

第三章
北京建设文化创意培育中心

文化是民族的血脉，是人民的精神家园，是城市发展进步的灵魂。随着文化的地位和作用的日益凸显，城市化进程的加快和大都市的功能转型，以及全球化语境下国家之间的竞争越来越以中心城市的博弈来显现，党中央高度重视首都文化建设，对首都的文化改革发展做出了一系列指示，提出了发挥首都全国文化中心示范作用、建设具有世界影响力的文化中心城市的要求。明确了首都北京的发展目标：到2020年，把首都北京建设成为在国内发挥示范带动作用、在国际上具有重大影响力的著名文化中心城市，成为全国文化精品创作中心、文化创意培育中心、文化人才集聚中心、文化要素配置中心、文化信息传播中心、文化交流展示中心，发挥好首都文化中心的表率引领作用、辐射带动作用、提升驱动作用、桥梁纽带作用、荟萃集聚作用。

发展创意经济是发达国家可持续发展的重要国策，也是发展中国家和欠发达国家、地区全面发展的重要选项。我国文化产业正处在发展的瓶颈期。如何打破现有全面开花，低端发展，消费不振，市场低迷的困境，实现跨越式的提升，是当前现实向我们提出的严峻的问题。从理念到实践认真审视创意经济，是观天下大势、看中国问题、解当下困局的需要。

第一节 创意再次成为全球经济与文化实践推进的中心

近年来，创意的概念进一步发展，与前几年的"风靡"不同。当前的"创意"不仅仅由学者进行学理层面、框架设计层面，而是直接进入产业实践层面，行业发展层面，进入更多国家、地区的战略实践层面，进入全球发展的共同机制层面。

联合国教科文组织作为拥有巨大全球影响力的国际组织，近年来积极发挥全球不可替代的组织，"作为当代创意领域内的一个基准点"，开创性地提出一系列"世界级倡议"。

联合国教科文组织近年来高度关注创意产业创意经济，2014-2021中期战略提出：

创意经济的出现证明了其对国家经济和社会福利的重要性……事实证明，创意经济是一种可行的发展选择。它依赖于把作为原材料的创意变成资产，这往往是在小规模进行，并且在地方一级提供新的就业机会和收入形式，从而为更均衡和更包容的经济增长做出贡献。教科文组织将支持出现拥有活力的文化创意产业和市场。通过这些，它将支持鼓励对发展中国家个人和机构的艺术和创作潜力进行投资，确保所有人进入并充分参与创意经济。特别是来自南方国家的中小型文化企业和创造者。[1]

为推动创意产业创意经济发展，教科文组织又积极组织"创意城市网络"活动。世界各国许多城市对成为创意城市网络成员十分踊跃，目前已接纳全球近40个城市作为网络成员。联合国"创意城市网络"成立于2004年10月，致力于发挥全球创意产业对经济和社会的推动作用，促进世界各城市之间在创意产业发展、专业知识培训、知识共享和建立创意产品国际销售渠道等方面的交流合作，目前分为

---

1 United Nations Educational, Scientic and Cultural Organization. 37C/4 (2014-2021) DRAFT MeDiuM—TeRM STRATegy, p38.

设计、文学、音乐、民间艺术、电影、媒体艺术、烹饪美食等7个主题。经批准加入该网络的城市被称为"创意城市"，已有德国柏林、英国爱丁堡、法国里昂、美国圣达菲等近40个城市加入了该网络。中国北京、上海、深圳、杭州、成都、哈尔滨等已加入。

2010年在深圳召开了"联合国教科文组织创意城市网络2010年深圳国际大会"，大会以"新技术、新媒体和创意城市合作"为主题，强调了三个机遇：创意经济的内容转型，增强社区之间的联系以及成员城市之间更好的互动。公报认为这次大会在应对数字环境挑战方面取得了重大跨越，为网络城市的合作创造了独一无二的宝贵机会，并肯定了创意产业在未来可持续发展中日益重要的作用。在内容转型方面，创意城市网络肯定了个人、机构和企业的研发在为创意及其他产业开发创新数字内容方面的重要性，并倡议通过使用新型互动传媒及开放式技术来促进并鼓励个人和社区积极地参与创意。[2]

2013年10月，联合国教科文组织创意城市网络在北京召开北京峰会，来自全球各地的城市政府代表、教育官员、文化艺术界知名人士，在活动期间签署发布了《北京宣言》《北京议程》《北京共识》等三大重要文件。出席联合国教科文组织创意城市北京峰会市长圆桌会议的代表，肯定创意作为可持续发展的支柱是城市可持续性的关键。来自全球32个城市的代表共同签署的《北京议程》中提到，创意产业作为科技与创新驱动新经济的催化剂，是目前世界经济中最具活力的增长点之一，也为城市的发展带来新的活力，从城市的角度探索创意与可持续发展的关系，已成为推动本次峰会城市间合作的焦点。为进一步推动北京与世界其他城市在创意、设计、可持续发展等方面的合作。《北京议程》呼吁以科技、文化创新手段促进城市可持续发展，以城市与创新、创新与创意、创意与设计

2 金涛：《联合国教科文组织创意城市网络2010年深圳国际大会公报》，中广网，2010年12月10日。

文化北京

为主线，强化科技创新与城市密不可分的关系。[3]

欧盟对创意产业更是情有独钟，率先规划未来欧洲的创意发展，提出"创意欧洲"的未来发展规划。《创意欧洲》，是一部关于2014至2020年度欧洲文化创意产业（CCS）发展的财政框架（MFF）。这个新框架规划，将当前的文化，媒体和媒体Mundus计划汇集在一个共同的框架下，并创建了全新的便利服务，以推动和改善融资。它通过满足文化创意产业的需求，以跨国运营为目标，并密切关注大力促进文化和语言的多样性。该规划将是对其他欧洲联盟（欧盟）项目的一个补充，用于创意产业的结构性资金支持，文物修复，文化基础设施和服务，文化遗产的扩大和对外关系的数字化资金等项目。规划将通过财政等支持和援助成员国众多的文化创意活动。对于2014年至2020年的MFF，委员会建议增加文化创意产业的投入预算，总数为10.801亿欧元（当前价），比目前的开支水平增加了37%。这一大规模的增长，体现了欧洲对创意产业未来发展的高度预期。[4]

对创意产业创意经济持续发力推动的国际组织是联合国贸发会议。联合国贸发组织编纂《创意经济报告2008》和《创意经济报告2010》对全球创意经济发展发挥了重大作用。它从经济、社会、文化和可持续发展等四个方面，论证了创意经济的内涵、要素，它拥有的复合型的多重维度，以及它通过多种方式推进发展的动力机制。它认为，创意经济深深植根于国民经济之中，在相关服务业和制造业部门产生经济效益并创造就业机会，促进了经济多元化、财

---

3 中国新闻网：北京2013年10月23日电（记者 尹力），联合国教科文组织创意城市北京峰会于23日闭幕，来自全球各地的城市政府代表、教育官员、文化艺术界知名人士，在活动期间签署发布了《北京宣言》《北京议程》《北京共识》三大成果性文件。

4 EUROPEAN COMMISSION: Creative Europe—A new framework programme for the cultural and creative sectors (2014—2020) Brussels, XXX COM (2011) 786/2.

政收入增加、贸易增长和不断创新。创意经济还有助于使衰退中的城市区域恢复活力，开发遥远的乡村区域，促进各国环境资源和文化遗产的保护。[5]

从经济视角来说，有一个正被广泛认同的事实，即就全世界而言，一些国家的创意经济发展步伐一直超过其他经济部门。经过大致估计，创意经济在2000年占全球经济总产值的比例接近8%，[6] 2010年更多，但仍然很难精确地评估创意经济对全球经济做出的贡献。

那么，我们为什么要提出和关注创意产业、创意经济的理念呢？

从文化产业走向文化创意产业，首先是我国经济调整结构，通过创意改变和提升低端制造业的需要；其次，也是我国文化产业自身由旅游观光等初级形态向数字化、网络化、移动化的文化科技一体化升级换代的必然需求。

创意产业是文化产业发展到新阶段的产物，是相对传统的文化产业发展创新的更高形态，也是文化产业内调整升级和产业管理突破原有边界的必然结果。正是新业态的不断产生，产业重心的转移，产业交融的强烈需求，行业管理的不断跨越，突破了原有文化产业概念的"外壳"，呼唤新的产业概念的诞生。而已经成为世界文化创意产业重要组成部分的中国，也必须呼应并融入全球发展的潮流中去。

从理论形态上看，文化产业升级为创意产业有其逻辑的必然性。澳大利亚学者斯图亚特·坎宁安在其论文《从文化产业到创意产业：理论、产业和政策的涵义》中提出，区分文化产业和创意产业这两个概念具有理论意义。因为这种区分有助于进一步充实有关知识经济及其与文化和创造力的关系的本质问题的基本框架。同

5 联合国贸发会议（UNCTAD）《创意经济报告2010》，中文版，中国社会科学院文化研究中心翻译，三辰影库印象出版社2011年版。第vii页。
6 约翰·霍金斯（J.Howkins）2000年在伦敦出版的书Creative Economy:how to make money from ideas中的估计。

时，也必须有效地捕捉通常由这两个概念所描述的产业的性质的变化，因为不同的政策体系是作为文化产业和创意产业的不同规则而发挥作用并支持着文化产业和创意产业的。创意产业是一个相当新的学术、政策和产业论述范畴。它可以捕捉到大量新经济企业的动态，这是诸如"艺术""媒体"和"文化产业"等概念所无法做到的。就像在英国、欧洲、新加坡和马来西亚政府资助的信息技术创意所证明的那样，促进以知识为基础的文化产业与经济发展之间有许多交叉点。"创意产业"这一术语是这一发展战略的核心。创意产业在这个意义上被用来区分传统的受赞助的艺术部门和通过知识产权的产生和开发而具有创造财富的巨大潜能的文化产业。[7]

欧洲著名文化经济学家陶斯在编著最新版的《文化经济学手册》时就指出：

> 我写这本书的目的是要将文化经济学过去的范围扩大，将创意产业和相关的版权法问题包括进来。创意经济/创意产业的方法不只是文化政策中的一股时尚潮流（虽然它当然是），它包括了许多对文化经济学的研究而言重要的经济特质。如今，"创意产业"这个词已经被政府和国际组织广泛使用，涵盖了与文化产业在一起的文化经济学中艺术和遗产的所有"传统"主题；正如本书所示，创意产业中的版权也是其中的一部分。[8]

由之可见，创意产业一方面是在过去传统意义上的文化产业基础上发展起来的产业概念，另一方面又是不同于过去文化产业的新的产业形态。在联合国贸发会议埃德娜·多斯桑托斯主编的《2008

---

7 斯图亚特·坎宁安：《从文化产业到创意产业：理论、产业和政策的涵义》，载2005澳大利亚昆士兰科技大学、中国人民大学、中国社会科学院共同主办《首届创意产业国际论坛会议论文集》，第25页。
8 Ruth Towse A Textbook of Cultural Economics Cambridge University Press The Edinburgh Building, Cambridge CB2 8RU, UK, 2010, PREFACE XIV.

创意经济报告——创意经济评估的挑战 面向科学合理的决策》中对创意产业有较为明确和细致的论述："创意产业"可以被定义为，将创意与知识资本作为初期投入，包含产品与服务的创作、生产和销售的循环过程。创意产业由一套以知识为基础的经济活动构成，生产有形产品，还生产包含创意内容、经济价值与市场目标的智力或艺术服务。创意产业构建了一个大而杂的领域来处理不同创意活动之间的关系，包括从传统工艺、出版、音乐、视觉与表演艺术到更加技术密集型与服务导向型的经济类型，例如电影、广播电视、新媒体与设计。创意部门拥有灵活而标准的市场结构，包括小到独立艺术家、小型商业企业，大到世界最大的企业。如今，创意产业在世界贸易中是最有活力的部门之一。[9]

这一概括包含了创意产业的诸多要素，反映了当代世界关于创意产业的基本看法。

我们认为，创意产业理念的内涵包括：

第一，创意产业的核心是原创力，原创，创新、设计创意、创意研发是整个产业赖以安身立命的灵魂。几乎所有的产业都需要创造性，那为什么还要提出创意产业呢？在一些传统的行业或领域中，创造性只是一种附属品而不具有产品的核心地位。同时这种创造性或创意还是指相当泛化的一般概念，如过去我们熟悉的特指艺术创作中的艺术家的独创性。而按照后标准化时代的创意理念，创意或创造性成了特指的市场趋向的产业方式的核心。创造性成为创意产业的生命线。创意产业的产品最忌讳沿袭陈规俗套，它在总体上必须凸现产品独具的特色，才能"击中"人心，在市场上获得超值的效益。当代消费社会，大众流行文化遵循时尚化浪潮化的运行方式，使得文化产品的新颖性、短时性和强烈的空间（视觉）特征空

----

9 联合国贸发会议埃德娜·多斯桑托斯主编：《2008创意经济报告——创意经济评估的挑战 面向科学合理的决策》，张晓明、周建钢等译，北京：三辰影库音像出版社，2008年版，第4页。

057

文化北京

前凸现出来。创意产业所包含的广告、建筑、艺术和文物、工艺品、设计、时装设计、电影、互动休闲软件、音乐、表演艺术、出版、软件、电视广播、游戏与网络有游戏，以及动漫、手机移动业务、网络视频无不强烈地依凭新的创意，新的设计。所以，创意产业的这种精神性、流动性、易逝性性质决定了创意产业的这一根本。

与创新、创意关系最为密切的就是创意者的知识产权。知识产权和知识产权保护是创意产业得以发展的必要前提和充分条件。发达国家版权经济的发展着力于知识产权保护，这种保护首先保证了创意者的利益，推动了创意者阶层（群体）的形成，维护了产业发展的市场环境，同时保证了对外文化贸易的国家利益，包括直接的经济利益和长远的文化利益。我国发展文化创意产业也只能建立在创新创意的知识产权基础之上。文化创意产业发展的关键是创意群体，特别是最富创造性的高端创意人才。创意者的基本权益得到尊重和保障，就会形成创新创意的市场环境和普遍的社会氛围，以吸引和推动创意人才源源不断地成长，并且通过在全社会推动创造性发展，来促进社会机制的改革创新。

第二，由原创力带来的创意新业态日益成为整体经济和文化创意产业高速发展的实践动力。当下实践证明，创意产业推动在社会生活中产生重要影响的一些新生的产业类别的发生、发展和壮大，并推动传统文化产业的升级、变革的产业形态。创意产业首先是适应一批新兴的文化产业类别的崛起而应运而生的新业态。它不再简单地囿于过去的传统文化产业观念和类别，而是适应新的产业形态而出现的创新概念，是对新形态的概括、总结和发展。像英国提出的13类创意产业部类，就首先包含了一些在社会生活中产生重要影响的新生的产业类别，如动漫、游戏、数字艺术、软件设计 互动休闲软件、广告等文化产品，也包括虽然仍沿用过去分类的电影、电视、新闻出版、工业设计、服装设计等部类，但其内涵已大大变化，变成了数字电影、数字电视、数字设计，信息设计。

从实践形态上来看，从文化产业升级为创意产业也是产业形态发展自身的历史性要求。英国1980年代打破了传统欧洲文化不能产业化的精英式理念，开始使用"文化产业"的概念。大伦敦政务院（GLC）在扩展了的意义上使用"文化产业"一词，主要强调两点。一是强调文化产业是指国家资助体系之外的那些文化活动（GLC常常把它们等同于大众流行文化的生产）和商业操作，它们是财富和就业机会的重要创造者；二是强调人们所消费的全部文化商品，大多数（如电视、广播、电影、音乐、图书、广告、音乐会等）是与公共资助体系无关的文化商品。GLC的文化战略包含了一条经济的市场的路线。试图把文化产业界定为与艺术紧密联系的产业，将之称为"艺术与文化产业"。1997年后，英国布莱尔上台提出创意产业理念，除了政府换届、工党上台的标新立异的意义外，更多的是实质上的数字化高新技术引领的产业结构的调整和产业管理范围的扩大，更注重发展新兴的"创意产业"。

第三，创意产业发展的内在动力是产业发展中结构的调整、转型与提升。创意产业着力推动整体产业结构的升级、越界、调整和重组。创意产业的根本观念是通过"越界"促成不同行业、不同领域（包括文化行业内的和文化产业外的经济形态）的重组与合作。西方许多学者注意到文化创意产业对优化现有产业结构的重要作用。奥康纳认为，"可以断言，地方和区域战略后10年的任务是找到一种可以把文化产业与更广泛的制造业部门联系起来的方式，创造性、风险、创新和信息、知识与文化在全球经济中将具有核心作用。"

创意产业一般来说是在制造业充分发展，服务业不断壮大基础上形成的，是第二产业升级、与第三产业融合发展的结果。除了传统三产中的一般服务业，创意产业中既有设计、研发、投融资等生产性服务业领域的内容，更有新型艺术体验、信息互动、休闲娱乐

等消费性服务业活动的内容，是城市经济和产业融合发展的新载体，是现代服务业发展的高端形态。

创意产业的根本观念是通过"越界"促成不同行业、不同领域的重组与合作。这种越界主要是面对第二产业的升级调整，第三产业即服务业的细分，打破二、三产业的原有界限，通过越界，寻找提升第二产业，融合二、三产业的新的增长点，二产要三产化，要创意化，高端化，增值服务化，以推动文化发展与经济发展。为什么？二产制造业卖产品、卖机器，创意产业卖设计，卖理念，卖精神，卖心理享受，卖增值服务。在过去的几十年里，西方发达国家占据着高技术、高附加值、高利润的原创高地，而我们只是徘徊在廉价劳动力、高消耗、高污染的汗水劳动之中。正因为这样，创意才成了当代产业组构中的一种根本性的设置，它决定了产业的性质、层次和所处的阶段，并由此决定了产业的管理与操作。二产的发展靠机器、厂房、资源和劳动力，创意产业不同于制造业的汗水产业、劳动力密集产业，创意产业的发展靠创意阶层，靠创意群体的高文化、高技术、高管理，新创意和新经济的"杂交"优势。创意产业往往是在制造业开始衰落或遇到转型，服务业不断壮大基础上形成的，是第二、第三产业融合发展的结果。创意产业中既有设计、研发、制造等生产活动领域的内容，也有与高科技相关的内容产业，更有第三产业中的生产性服务业和消费性服务业。

第四，高科技和新技术是创意产业超越传统文化产业的最重要的依据，它奠定了创意产业跨越式发展的科学基础、技术保障和人才储备。可以说没有高科技就没有创意产业。高科技创造了新型服务业的新载体，创造了文化传播的新媒介，建构了新一代消费者的新的消费习惯乃至文化生活方式。

创意产业是科技文化化和文化科技化，科技与文化一体化、技术与内容相融合的高端产业。IT业、互联网和信息传播业的发展正迫切需要内容产业的支持和推动。需要"故事"，需要与百姓生活密切关联的"内容"。因此，创意产业的战略，就为城市或地区提供了高端起步，跨越式发展的良好机遇。它推动新兴数字技术支持的新媒体信息产业走向内容创新、文化创新和产品创新。从新兴的创意内容产业等高端产业入手，以数字化等高新技术促进文化的产业化，改造传统文化生产流通方式，来带动整个文化创意产业的全面发展和提升。

第五，作为现代服务业，创意产业是与艺术、文化、信息、休闲、娱乐等精神心理性服务活动相关，满足小康形态下人们精神文化娱乐需求的所谓"第五产业"，是城市精神消费与娱乐经济融合发展的新载体，是现代服务业的高端组成部分。在总体服务业的业态中，文化创意产业开拓艺术型、精神型、知识型、心理型、休闲型、体验型、娱乐型的新的产业增长模态，培育新的文化消费市场，涵养新一代创意消费群体，以适应全球化消费时代的新的需求，推动新形态的文化经济的发展。

艺术，人类所创造的最为广阔而无所羁绊的自由之神，悬浮在幻想、想象、理想和精神漫游中的唯一属于人的存在方式，人类区别于动物的最独特的文明进步的标识，它在现代创意产业中接续了其数千年里在文学、绘画、建筑、雕塑、音乐、舞蹈、戏剧、电影乃至新技术和新创意发明的许多新艺术类别中对创意的永恒追寻。欧洲许多国家的学者高度关注"艺术产业"，一方面表明了当今文化产业、创意产业与艺术的密切关系——创意源流的悠远沿革与今日创意的断腕式的承续与开新；另一方面也显示了新的历史时代的开启——艺术因为人类亘古而日新的需求，而将艺术与经济、产业、管理、金融、财富等最紧密地结合起来。

第六，创意产业不同于一般产业的重要特点是这个产业变化的迅捷性和产业发展的不确定性。从产业运行的模式上看，创意产

业的发展更加动态化，它是市场经济运行的高端方式，更加远离过去的计划经济方式，更多地依靠市场和消费自身的推动，同时又不断地设计市场，策划市场，涵养市场，激发市场。也就是说，在当下的全球化消费时代，市场的全球性，传播的全球性，需求的精神化、心理化、个性化、独特化，消费的时尚化、浪潮化，使得创意作为产业，从根本上改变了过去固化的稳态工业发展模式：常规结构，常规模式，常规营销，常规消费；而代之以不断变动的创意策划，创意设计，创意营销，创意消费。它在不断关注市场中，创造消费惯例、涵养消费人群、引导消费时尚潮流。它不断在创意中寻找热点、利润和机会，以一种动态的平衡模式替代或提升过去的稳态工业发展模式。因此，它高度依赖策划，依赖人才，依赖变化，眼睛每时每刻盯着市场哪怕微小的变动，捕捉机会，放大机会，展开新一轮竞争。它的活力在于每个企业都有机会也有风险，每个企业都要面对竞争也面对失败，每个企业都要殚精竭虑面对生存挑战。这就是创意社会的主旋律和大逻辑。[10]

第二节 创意培育中心的形成和发展

一、创意培育中心的形成环境

国际经验表明，创意培育中心（创意之都、创意城市）的形成和发展取决于：

1. 城市优越的区位条件。一般是国际性、全国性和区域性的经济中心。

---

10 参见金元浦：《文化创意产业四题——关于加快转变文化产业发展方式的几点思考》，《求是》，2012年第2期；金元浦：《文化创意产业：创新型中国的战略选择》，《人民日报》，2006年12月29日。

2. 强大的要素配置能力。一是城市综合要素配置，二是某种类型的创意行业的专业化要素配置。

3. 持续稳定的市场需求。创意及其成果的转化需要健全的市场，包括组织生产和传播消费等。如伦敦、纽约集聚了各类政府和非政府组织总部、各类企业和专业组织总部，其影响力能够辐射全球。此外，创意培育与发达的信息网络密切相关。创意成果转化离不开产业化能力和消费市场，更离不开信息传播能力。拥有强大的辐射范围广泛的各类通讯网络、传播媒介如报纸、杂志、电台、电视台、出版社、图书馆、文化馆等，是创意培育中心建设的支撑。就此而言，中国大陆的北京、上海作为世界尤其是全国数据信息知识的传播中心，有利于创意人才获得最新、最前沿的信息，是建设创意北京的基础。

4. 高效的创新环境。创意培育离不开对创造力的投入，包括教育基础设施和产业集群发展两个方面。城市创意能力的提升离不开持续的创新和人力资本投资，拥有高质量的培训教育和研究机构，有利于创意人力资本的提升。

产业集群的发育程度是衡量城市创意氛围的重要指标，包括制造业、高新技术产业、文化产业等地方性生产网络在内，创意培育中心建设与产业集群优势密切相关。如纽约的百老汇戏剧表演、伦敦的歌剧表演、巴黎的时装、米兰的家具设计、洛杉矶的电影产业等都离不开当地大量具有共同特征的文化生产部门、创意团体、个体艺术家和创意企业，这些团体和企业是创意培育中心建设依托的环境。

创意培育中心及其成果转化在城市某些地方集聚，文化企业、非营利机构和个体艺术家集聚和互动，形成城市内部独特的区域创新体系——创意产业集群，有利于创意企业通过市场交换、知识外溢和非正式交往等活动提高其创新创意能力，减少交易成本，增强市场竞争力。就北京而言，集中了国内最有影响力的高校、科研机构等技术创新和人文艺术教育基础，是新知识、新思想和新技术的

发源地，吸纳创造性人力资本的磁力中心。

5. 独特的人文环境。一是有利于创意人群生产、体验和消费的文化环境，二是有利于创意人群生活的基础环境。

所谓文化环境包括三个层面：宽容的社会氛围，主要指市民宽容的态度，如鼓励创新、包容失败、崇尚个性、平等自由等；多样化的文化风格和多层次性的文化消费，尤其是具有实验意味的各类青年亚文化的活跃度；特色鲜明的地域文化，城市悠久的文化传统和充满活力的文化氛围，开放多元的文化环境有利于吸引具有国际影响力的艺术大师和波西米亚族群的入驻，形成多个以艺术家为主的艺术性聚落，与艺术紧密相连的广告设计、环境设计、产品设计、包装设计等工业设计得到快速发展。

所谓生活环境包括适宜居住的生态环境、充实的商品市场和消费性服务、现代化的城市基础设施等。创意人才在市场流动中表现出城市文化环境指向，其区位选择影响创意产业的空间布局。创意人才关注城市服务、文化传统、自然环境以及良好的居住环境。地域文化特色鲜明的城市，有着独特的历史文化资源，或是某一产业非常发达，有大量专业化的创意人才和创意团队，在世界范围内具有影响力。创意经济发达的城市通常都聚集着大量的文化生产部门，具有较强的创意产品供给能力。如伦敦是歌剧、音乐和时尚活动中心，纽约是世界舞蹈之都、当代艺术品交易中心，好莱坞是世界电影之都。

通常创意培育中心的选择具有城市指向性，既要求包含共性条件的综合性要求的满足，也需坚持特殊性要素满足设计类、艺术类、传媒类、软件类等不同创意培育所需的个性条件。"创意培育的城市选择与要素支撑"如下图所示。

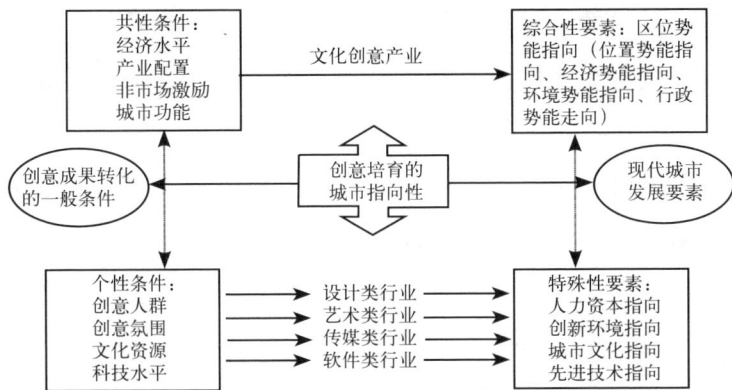

共性条件:
经济水平
产业配置
非市场激励
城市功能

文化创意产业 →

综合性要素:区位势
能指向(位置势能指
向、经济势能指向、
环境势能指向、行政
势能走向)

创意成果转化
的一般条件

创意培育的
城市指向性

现代城市
发展要素

个性条件:
创意人群
创意氛围
文化资源
科技水平

→ 设计类行业
→ 艺术类行业
→ 传媒类行业
→ 软件类行业 →

特殊性要素:
人力资本指向
创新环境指向
城市文化指向
先进技术指向

创意培育的城市选择与要素支撑

作为综合性的共性条件来讲,城市经济发展水平、城市功能、产业配置和非政府激励等是创意培育及其产业发展所需的基本条件,这决定了创意培育中心在区位选择上倾向于区位势能较高的城市。在国外如伦敦、纽约、巴黎、东京等,国内则是北京、上海、香港等国际化大城市。在区位势能作用下,城市和创意培育及其产业发展会在多方面产生相互耦合与功能叠加,出现向着区位势能高的城市布局的强烈冲动。但区位势能高的城市并非是所有创意行业都发达的城市,因为不同创意行业发展需要城市具有一定厚度的特殊性要素支撑。如包括工业设计、建筑、广告、时尚设计和时尚生活等在内的设计类创意行业,无论是创意的培育还是成果转化,其对创意人才的个人创造力、技能、才华、知识等人力资本具有很强的依赖性。这类创意产品生产具有小批量、差异化的专精特点,需要创意人员的相互交流和持续创新,以提高生产效率和专业化程度。因此,这类行业在城市区位选择上要趋于专业性创意人才集中的地方,在相关院校和科研院所周边往往形成设计类行业的集聚。

二、"创意北京"建设的现状和现实问题分析

"创意北京"建设要具有"创意思维",要清楚城市的创意不

仅仅是某街某区的创意产业发展，亦非简单的创意叠加，而是要形成一种整体的创意氛围及其市场环境，尤其要营造城市整体的创意空间与环境，通过艺术把创意美学浸透于城市的大街小巷中，使各类创意活动能够形成联动力。创意中心建设要重在吸引社会力量、公众和创意人才的参与，只有发挥当地民众文化认同的力量，才能推动城市创意社区空间的营造。文化创意可以改变生活、改变人生甚至改变社会文化，而这一点又是与人的文化性、精神性密切相关，因为人的文化性、精神性本身就要求着他不断去追求新的、美的、善的生活方式和存在方式。

"创意北京"建设的优劣势：北京作为全国的政治、文化中心，以及"国家首都，国际城市，文化名城，宜居城市"的功能定位，为"创意北京"建设提供了区位优势。作为首都，北京是一个集政治、经济、军事、外交、科技、文化、教育、体育、信息等各种中心功能于一身的全能型城市。第三产业比重达到76.9%，在全国居首位，已经达到发达国家的指标，经济增长的质量和效益显著靠前。北京是全国创意人群、创意企业和机构集聚程度最高的城市之一，全国文化名人、文学家、艺术家、影视导演、编剧、演员、文化经纪人、表演艺术家、文化管理人员等，大多集中在北京，高端人口的比例对一个城市的发展活力至关重要。北京具备了建设全国文化创意培育中心的发展实力，北京的综合竞争力位于国内前列，是国内具有竞争力的城市；北京的文化产业发展在国内位居第一，在文化创意产业发展方面是最具竞争力的城市；在公共文化服务方面，主要是市民的参与度不高，导致排名不高；在城市创新力方面，北京依托首都的优势，在科技创新和文化创新方面具有优势和强势竞争力。但在城市特色方面则有些不足，说明在现代化和全球化进程中，如何保护和延续城市特色文化方面还要作出努力。此外，在思想观念上对文化创意的认知还不够深刻，丰富的文化资源尚未经过创意转化为产业优势，创意产业链条不够完善和顺畅、创意人才开发培养尚需进一步完善、创意知识产权保护有待加强，对文化创意的资金、资本的融合尚需强化。城市的创意氛围不浓厚（活动的载体和平台不多）、创意培育机构数量少、创意质量和水平不高、创意人才尤其是创意高端的核心人才短缺、支撑创意成果转化的市场环境和产业发展不理想、创意培育的国际交流和国际视野不够。

尽管"创意北京"建设面临重大机遇，在经济实力、人力资源、文化资源等方面具有明显优势，但与国际上的文化中心城市相比还有很大的差距。从理念、政策导向、综合实力、市民的文化素养以及城市的文化发达程度上还面临一些威胁，影响"创意北京"建设。下一步，北京文化创意发展需要在规模化、集约化、专业化方面加强的同时，要强化文化创意的品牌化建设，重点加强文化创意发展的体制机制建设，形成有利于提升首都创新水平、创意设计、创造能力的政策机制、社会环境和文化氛围；加强文化创新、技术创新和创意设计，转变北京目前粗放型、数量型、分散型、低效型的文化创意发展模式，向现代型、生态型的新兴文化产业趋近。在文化创意人才集聚上还不够积极主动，政策立意高，执行力不高，协同力不强，产业结构失衡，计划经济色彩较浓，行政化考核方式依旧存在，主动创新、应对市场的能力较弱，经营者普遍缺乏市场化思维，文化企业创新动力不足，过分依赖现有文化资源。缺乏龙头领军企业，难以造就一流的大师、一流的文艺作品、一流的文化品牌，弱化了"创意北京"对全国的引领、辐射和带动作用。相比较而言，"创意北京"建设还缺乏立意深远的顶层设计和长远规划，尤其是缺乏"战略意识"以及北京在国际城市文化创意培育方面的位置研究；同时促进和保护文化发展的相关政策尚需健全和完善，文化法制环境有较大欠缺，文化管理体制也不够顺畅。文化产业发展的主导优势不够突出，文化核心元素不明显，文化渗透力不够强，在国际上的文化影响力不够大。对外的文

化吸引力不够强，对外的文化传播力还较弱，文化产品和服务的进出口比例不相匹配。

从"创意北京"发展实践来看，尽管北京的文化创意产业发展位于全国前列，但文化创意的驱动和支撑作用尚未充分发挥，主流文化价值观的引领作用还有待进一步加强，尤其是在文化产业的做大做强方面需要科技创新、文化创意的驱动。即使在文化创意产业发展方面，也缺乏科学规划和顶层设计。尽管出台了一系列政策文件，但仍未打破原有体制按行政、层级、各部门、各行业规划文化资源的方式。由于未能从首都发展的宏观视角对各区域、各部门、各行业进行科学统筹，导致诸多乱象，制约了政策的协调推进。尤其是在法律法规缺位的背景下，文化创意产业的运行、发展更多依靠政府的行政力量来调配、干预和推动。作为配置资源的手段，由于市场机制缺位，政府长期行使管理者的角色，对投资审批、市场准入许可以及价格管制等拥有过多自行决定权，从而形成以不受约束的权力为背景的行政垄断、机会不平等问题，从而造成很多文化企业创造力、竞争力下降。在文化保护和推广方面，北京与巴黎相比，市民对公共文化活动的参与性不足，对文化保护的意识不强，在政策执行上多有不到位之处。与东京相比，在文化创意提升城市文化影响力方面，东京形成了具有核心竞争力的产业——动漫创意产业。动漫产业不仅是东京仅次于汽车业的第二大支柱产业，而且通过东京国际动漫节和"动漫外交"等文化交流平台建设，动漫业在提升东京国际形象、活跃文化氛围等方面作用明显。虽然文化创意产业已成为北京市的支柱产业，2012年文化创意产业增加值的比重达到12.9%，但各行业市场集中度偏低，创意性不强，具有世界显著竞争力优势的主导产业缺乏，世界知名文化品牌缺失。这些难题都在制约着"创意北京"建设。

影响"创意北京"建设的一些制约因素：在思想观念上对"创

意"的认识和认知不足，管理理念和管理体制滞后，市场机制不灵活，激励机制不完善，消费市场不发达，企业规模小，创意权益保护不到位，尤其是市场准入、畅通、要素流动、中介机构、开放度有待改善。作为全国的文化中心，北京不仅要有发达的创意能力和文化市场，还要在价值观和生活方式上对全国城市发挥示范和辐射作用，在国际上具有文化影响力和国际交往能力。"创意北京"要以内在的价值理念引导和外在的要素推动和集聚来实现，它离不开激发创意的社会氛围，也不能缺失良好的市场环境，更需要公共服务的支撑。就其内在价值而言，文化创意在理念上要凸显人性理念、秉持人性关怀、满足人性诉求，实现以文化人的情怀；在价值追求上要有卓越性的品位、出奇制胜的创意、文化传承与现代创新融合的诉求；在创意价值的实现上要有跨界营销的商业模式，不断延伸和拓展产业链，实现创意成果的最大化和最优化。其外在层面的要素集聚和支撑是多方面的，创业的自由度、社会开放程度、文化的多样性和包容度、市场化程度、知识产权保护、公共服务的有效供给，以及城市区位的指向性都会影响到不同类别的文化创意培育。"创意北京"建设的重点是形成城市的创意氛围及其市场环境，搭建各种创意培育服务平台，完善各种支持创意培育的投融资机制；"创意北京"建设的难点是高端创意人才集聚、形成完整的产业链、知识产权保护。

第三节 培育北京文化科技融合创新的新机制

习近平同志指出：北京要建设全国科技创新中心。推动文化科技融合，实现北京科技创新与文化创新"双轮驱动"的发展模式，是"十二五"以来北京社会经济发展面临的重大课题。这不仅是北京参与世界城市竞争，提升北京文化竞争力、影响力的必然要求，也是建设具有世界影响力的科技文化创新之城的出发点和落脚点。

2012年5月，《国家文化科技创新工程纲要》将北京列为首批"国家级文化和科技融合示范基地"。近年来，北京紧密围绕"双轮驱动"战略，强化文化与科技之间的双向互动、协同创新，统筹各方面关系，从整章建制入手，全面加强和完善制度和规划建设，提升文化科技融合的创新发展能力，深化了科技创新文化创新在北京文化、经济、社会等各层面的驱动能力。

一、深化政策保障，加大扶持力度

文化与科技的融合发展需要规划政策的有力保证。近年来，北京统筹社会经济发展全局，围绕加快推进北京文化科技融合发展，构建"设计之都"，着力加强组织规划，不断提升文化科技企业的自主创新能力和市场竞争力，确保"双轮驱动"战略的稳步、有序推进。

第一，加快实施《首都创新精神培育工程实施方案（2012—2015）》（以下简称《方案》）。《方案》是北京市在2012年全面践行"北京精神"，大力弘扬和培育创新精神的时代背景下提出的，并将实施创新创业环境优化工程、创新教育促进工程、创新文化建设工程、创新活动品牌工程和创新资源服务工程等作为2012—2015年北京创新工作的主着力点。2013年，北京继续以折子工程的形式逐步落实《方案》，其中涉及文化与科技融合发展的共有4项，分别为新媒体发展战略，数字社区文化站建设，制定实施支持文化与科技、旅游等相关产业融合发展的意见，以及加快中关村国家级文化与科技融合示范基地建设、加快发展设计创意、数字出版等融合型新业态，抓好国家广告产业园、出版创意产业园、北京核心演艺区、中国乐谷、怀柔影视基地等重大项目。折子工程明确了相关责任部门的工作职责和具体内容，对北京文化科技融合工作实践起到了有力的督导和促进作用。

第二，增强"设计之都"建设的文化科技创新能力。2012年6

月，联合国教科文组织正式批准北京作为"设计之都"加入全球创意城市网络，为推进"设计之都"建设，2013年10月，北京制定并公布实施《北京"设计之都"建设发展规划纲要》（下简称《纲要》），明确了文化科技创新融合发展在"设计之都"建设中要实现的目标和路径。《纲要》指出到2020年以文化科技为基础的设计产业年收入要突破2000亿元，设计品牌的认知度和创新能力明显增强，设计对北京城市品质有明显提升。为实现这一目标，《纲要》提出实施国际化工程、产业振兴工程、城市品质提升工程、品牌塑造工程、人才助推工程等5大重点任务，确立了加强组织机制保障、完善政策扶持体系、强化知识产权保护、完善产业统计制度、加大宣传推介力度等5项保障措施，以此来推动北京创新经济的发展。《纲要》的制定与实施有助于推动文化科技创新成果的转化，对实现北京经济转型跨越式发展、塑造北京新的国际形象、扩大北京的国际影响力有重要的战略意义。

　　第三，文化科技促进北京区域协调、可持续、全面发展。统筹区域协调发展，缩小区域发展差距，是北京优化城市空间布局，形成全面、协调、可持续发展格局的重要任务。2013年3月，北京市颁布实施《关于促进城市南部地区加快发展第二阶段行动计划（2013—2015年）》（下简称《行动计划》），旨在巩固和深化第一阶段发展成果，进一步提升北京南部地区发展质量和水平。《行动计划》明确了北京发展南部地区的总体思路、主要任务和保障措施等，强化了一些文化科技项目在南部地区发展中的支撑性作用，确立了以产业园区功能完善和产业项目引进为推动南部区域快速发展的重要动力，围绕南部高技术制造业和战略性新兴产业带、永定河绿色生态发展带和南中轴商务文化发展轴，打造"两带一轴多园区"空间布局和产业格局，以此带动北京南部地区的公共文化建设和历史风貌保护。《行动计划》的实施有利于夯实南都地区的发展基础，增强南部地区的文化

文化北京

科技创新能力和融合发展水平，完善北京的城市功能。

第四，引导企业自主进行文化与科技融合发展实践。企业是文化与科技融合发展的主要实践者，为全面落实北京创新驱动发展战略，鼓励企业对文化与科技融合发展的探索与实践，2013年9月，北京市公布实施《关于强化企业技术创新主体地位全面提升企业创新能力的意见》（下简称《意见》），明确推动企业创新发展的指导思想、基本原则和工作目标，通过实施企业研发机构建设工程、企业研发投入引导工程和实施企业创新环境优化工程，激发和增强企业的创新动力和创新活力。《意见》要求加强组织协调，完善推动企业创新的联动机制，统筹社会各方面的资源和力量，在全社会形成鼓励探索、敢于创新、宽容失败、开放包容的创新文化，营造有利于企业创新发展的社会氛围。

通过深化北京创新精神培育工程，逐步加强文化与科技融合发展的规划建设，文化科技融合发展的政策保障体系不断完善，随着"设计之都"建设和南部地区行动计划的稳步开展，以企业为文化科技融合发展的主体性地位得到不断加强，在重点项目工程的实施与带动下，深入推进了北京文化与科技融合发展的进程。

二、探索文化科技融合创新模式，注重体系建构

文化与科技融合虽然不是当代社会特有的产物，但随着文化经济功能的日益凸显以及科技对文化发展支撑性作用的不断加强，文化与科技交融互动逐步深化。北京在实施"双轮驱动"战略的实践过程中，企业孵化体系作为文化与科技融合发展的探索模式，得到逐渐发展和完善。

第一，推动企业孵化体系制度化建设。企业孵化体系是对各类企业孵化机构的统称，包括孵化器、大学科技园、留学人员创业园、小企业创业基地等创业孵化载体。"十二五"以来，北京高度

重视企业孵化体系建设，2010年推出了《关于进一步加强科技孵化体系建设的若干意见》。为进一步增强孵化器在培育战略性新兴产业和成果转化等方面的作用，2013年5月，北京市科学技术委员会、北京市发展和改革委员会等7部门联合下发《关于进一步促进首都科技企业孵化体系建设的意见》（下简称《促进意见》），明确提升孵化器体系在北京创新驱动发展战略中的地位，对建立健全孵化器体系的工作机制和组织保障提出了具体要求。《促进意见》确立了北京企业孵化体系的特色，即以"孵育产业新、发展模式新"为特色的发展思路，通过实施孵化网络建设工程、模式创新工程、产业孵育工程、国际化发展工程等四大工程，形成具有北京特色的孵化服务网络化、孵化模式多元化、服务资源国际化、服务能力专业化的科技企业孵化体系发展格局。企业孵化体系作为北京创新体系的重要组成部分，它的颁布与实施有利于北京建设具有全球影响力的创新创业生态网络，能够带动北京优质科技企业培育核心载体、高端创新创业人才聚集地、战略性新兴产业策源地的建设，在推动北京产业结构优化升级、经济发展方式转变中具有积极意义。

第二，在企业孵化体系构成层面，北京形成了国家、省市和区县三级企业孵化体系。2012年底，全市共有各类孵化机构127家，其中国家级孵化器28家，国家级大学科技园14家，市级孵化器41家，市级大学科技园26家，总面积超过400万平方米，在孵企业近8500家，构建起了较为完善的孵化器体系。[11]2013年8月，北京首个区级文化科技孵化器"北京京辰瑞达科技文创孵化中心"在丰台正式授牌成立。"北京京辰瑞达科技文创孵化中心"作为针对中小文化科技企业的发展平台，以促进中小型高新技术企业与文化创意产业结合、推动科技成果转化发展方向。它的成立标着北京已经形成

文化北京

---

11 彭东：《北京科技企业孵化机构近130家》，《科技日报》，2013年5月28日第3版。

了纵跨国家、市、区三级的企业孵化体系，进入了全面探索文化科技融合发展的新阶段。

北京企业孵化体系制度化建设和体系建设的不断完善，为北京文化与科技领域的融合发展提供了坚实的基础。在市场化为导向的发展过程中，企业孵化体系能够依托自身的文化科技优势，充分发挥整合多方面资源的能力，探索北京文化与科技融合发展的特色与路径，提高北京文化发展的质量和水平。

三、加快平台文化科技融合发展服务建设，推动产业发展

作为一种新兴业态的文化创意产业，科技是重要的支撑，平台是文化与科技融合发展的重要基础性设施，是培育、发展和展示文化科技型产业的重要载体，在文化创意产业的快速发展中起到有力的支撑作用。

第一，推进国际合作平台建设，支持文化科技融合的发展成果"走出去"。为充分利用国外的资源和市场，推动中国优秀数字动漫科技教育企业及其产品行销海外，2013年5月，"北京数字动漫科技出口平台"正式成立，该平台由马来西亚育式培创新科技教育集团与轩创国际文化发展（北京）有限公司共同创建，采取商业代理的主导型模式，开展优势科技化教育"走出去、引进来"的双向促进与交流工作。7月"北京国际科技文化交流协会"正式成立，协会立足北京，面向全国和世界，以推进北京与国际文化科技交流、合作为导向，并广泛向世界宣介和展示北京在文化科技融合层面取得的成果，以促进北京文化与科技的深度融合。

第二，加强国内宣传推介平台建设，提升行业的品牌效应。围绕文化与科技融合的宣传与推介，北京举办了多场文化科技会展或推介会，以提升行业的品牌效应。2013年5月，北京市科委承办了以"科技支撑产业发展"为主题的"科技北京"专题展，展览包括

战略性新兴产业、北京国家现代农业科技城、科技企业孵化器（25周年）、科技进步奖获奖项目、科技与文化等五大板块；8月中关村创留园举办主题为"文化科技融合"的"中关村留学人员企业精品项目推介会"，包括移动互联网内容服务、数字出版等文化与科技融合的新兴产业领域的多个项目参展。10月"2013北京文化数码产业博览会"正式开幕，作为首届北京惠民文化消费季的活动项目之一，博览会致力于深入细致地打造北京"国际大都市"的"科技文化、数码文化"发展载体。

第三，加强人才培育平台建设，提升产业发展创新能力。人才建设关系到文化与科技融合发展的深度与质量，为充分借鉴和利用国外在文化科技复合型人才培养方面的经验，2013年6月，"中关村科技园区雍和园硅谷高端文化科技人才创业基地"在美国硅谷的成立。作为文化科技人才培育的新路径，该基地的成立标志着北京在文化科技复合型人才的培养上正在与世界先进国家接轨，它的创立对进一步提升中关村科技园区及北京地区的产业创新能力具有积极意义。

四、全方位加强金融与文化科技产业领域的合作

北京市是从多种路径加强金融工作对文化科技产业领域的支撑。第一，各商业银行纷纷落实《通知》要求，增加对文化科技产业的授信额度。中国民生银行提供了额度为2亿元的北京首只"文化创意产业互助合作基金"，中国工商银行北京市分行不仅与北京市科学技术委员会签订《全面战略合作协议》，还计划在2013-2015年内为全市科技型企业提供不少于500亿元人民币授信支持。截至8月份，北京辖内各中资银行累计发放文化创意产业贷款456.8亿元，同比增长38.5%，受惠企业2398户，同比增长68.8%[12]

第二，开展"文化金融服务季"系列活动。北京市金融工作局

12　高晨：《北京银行业文创放贷456.8亿》，《京华时报》，2013年10月10日D04版。

局与北京相关部委为了拓展文化金融的融资渠道，推出了"北京文化金融服务季"活动，并以此为品牌依托，实施金融服务北京"双轮驱动"发展战略，相继开展了"影视演出服务专场""广告出版传媒融资服务专场""动漫游戏融资服务专场""设计服务融资专场"等融资活动，探索文化科技与金融的融合发展模式。[13]

第三，鼓励民间资本投资文化创意产业。2013年10月，北京市正式批准实施了《关于进一步鼓励和引导民间资本投资文化创意产业的若干政策》（以下简称《政策》），《政策》从16个层面对民间资本的市场准入机制进行了说明，鼓励民间资本投资广播影视、新闻出版等行业，引导民间资本在设计服务、广告会展、动漫网游等文化科技行业的规模化发展与品牌化运营。第四，持续对文化创意产业进行专项资金支持。北京市文资办利用"北京市文化创新发展专项（产业类）资金"，在2013年继续保持对文艺演出、新闻出版、广播影视、动漫网游、设计服务等11类文化创意产业项目进行金融支持，为文化科技行业提供相应的配套资金。

金融政策的保障和融资渠道的拓展，进一步夯实了文化与科技融合发展的基础。同时，北京市作为国内金融业和文化科技产业最具有影响力的城市之一，多层次金融支持体系和服务体系的构成，对北京深入实施"双轮驱动"战略及发挥全国中心城市的示范性作用具有积极意义。

从总体来说，探索构建文化科技融合的发展机制，是加强北京文化创意培育中心建设的重要基础。文化与科技的融合发展，有助于从根本上催生文化科技新业态，不仅能有效为北京创意城市建设提供硬实力支撑，也可以为北京创意氛围的培育提供了软的发展环境。但是，也应认识到，文化与科技融合发展，涵括顶层设计、产业支撑、平台建设、金融支撑等多种要素，是需要统筹兼顾的系统性工程。

---

13 高晨：《北京银行业文创放贷456.8亿》，《京华时报》，2013年10月10日 D04版。

第四章
北京建设文化人才集聚教育中心

人才的竞争是未来世界各国间全方位竞争的最核心的长远战略竞争。国际评论指出，美国是以全世界70亿人为其人才资源库，中国是以13亿国民为其人才资源库，仅仅在这一竞争中，中国已落下风。北京如何建设招揽天下英才的"黄金台"，鉴往开新，是中华文化走向未来的关键一步。

第一节 文化人才：未来世界经济的最主要推动力

21世纪将是创意经济的世纪！正像未来学家阿尔文·托夫勒在其《未来的冲击》一书中预言的：主宰21世纪商业命脉的将是创意！资本时代已经过去，创意时代正在来临；谁占领了创意的制高点谁就能控制全球！从20世纪90年代末开始，"创意""创意产业"（Creative Industry）和创意经济（Creative Economy）迅速成为全球性的热门话题。

一、从"蓝领"到"金领"——"知识型员工"

关于人才类型的说法，大致经历了从"蓝领""白领"到"银领""金领"再到"无领"的发展演变。"蓝领""白领"分别用

来指称技术、体力工作者与脑力工作者；"银领"一般是指那些既能动手又能动脑，具有较高知识水平和熟练技能的高级技术工人。而"金领"是知识经济时代诞生的一批"知识型人才"的通俗代称。从20世纪90年代末期开始，世界经济迅速进入创意经济的时代，被称为"无领"人才的创意阶层随之迅速崛起。

1959年，世界著名管理大师彼得·德鲁克（Peter F. Drucker）在《明天的里程碑》（Landmarks of Tomorrow）中最早提出了"知识型员工"（the Knowledge Staff）的概念，他将知识型员工描述为"那些掌握和运用符号和概念、利用知识或信息工作的人"[1]。加拿大学者赫瑞比在其《管理知识员工》一书中这样界定"知识型员工"："知识员工就是那些创造财富时用脑多于用手的人们，他们通过自己的创意分析、判断、综合、设计给产品带来附加价值。"[2] 国内学者王兴成、卢继传和徐耀宗在《知识经济》一书中写到，从知识资本理论和人力资本理论来看，知识型员工是指从事生产、创造、扩展和应用知识的活动，为企业（或组织）带来知识资本增值，并以此为职业的人员。[3]

作为知识、技能、技术的载体，知识型员工具有较强的学习知识和创新知识的能力，他们能自主自觉地将信息、知识、技能运用于企业的研发和生产中，从而创造价值。与一般员工相比，知识型员工在个人特质、心理需求、工作特征及价值观念等方面都有与众不同的独特之处。知识型员工具有很强的独立自主意识。他们受教育程度较高，追求自主性、个性化、多样化，不愿意受制于一些刻板的工作形式。他们是企业里最富有活力的细胞体，拥有知识资

---

1 [美]彼得·德鲁克：《变动中的管理者》，王喜六等译，上海：上海译文出版社，1999年，第45页。

2 [加]弗朗西斯·赫瑞比：《管理知识员工》，郑晓明等译，北京：机械工业出版社，2000年，第4页。

3 王兴成、卢继传、徐耀宗：《知识经济》，北京：中国经济出版社，1998年，第8页。

本，大多从事的是创造性劳动。他们工作的目的更多是为了实现自己的个人价值。知识型员工所从事的工作不是简单的重复性工作，而是在复杂多变和不完全确定的环境下完全依靠自己的知识禀赋和灵感进行的挑战性工作。他们渴望看到工作的成果，注重他人、组织及社会的评价，强烈希望得到社会的认可和尊重。

二、"无领"阶层崛起——"创意人"

著名美国学者理查德·佛罗里达在其《创意阶层的崛起》一书中指出：与其将我们现在的生活叫作"信息经济"或"知识经济"时代，不如"从更深层次上说，我们现在的经济是一个由人类创意提供动力的经济"。[4]因此，"创意"成为我们现在的经济活动中的最珍贵的"商品"。而这种"商品"是来源于人的。"创意不能买卖，也不能随心所欲地'开启'或'关闭'"。[5]如果把创意仅仅理解为"创新""新点子"，或者理解为重大的新发明、新产品等就过于狭隘了。创意是多维的，它是无处不在的。作为当代人共同追求的一种创意精神，它已经从工作范畴蔓延到了生活的各个角落，成为提供我们时代发展的最主要动力。同时，创意精神成为一种改变我们基础社会形态的重要推动力。社会结构、家庭结构、人际关系、自我身份认同等方方面面，都在发生着巨大变化。"如今，我们都在通过创意性工作来谋生，这是我们当今时代的一个重要事实。"[6]

佛罗里达对"创意阶层"进行了分析。他将创意阶层分为"核

文化北京

---

4 [美]理查德·佛罗里达：《创意阶层的崛起》，司徒爱勤译，北京：中信出版社，2010年，第5页。

5 [美]理查德·佛罗里达：《创意阶层的崛起》，司徒爱勤译，北京：中信出版社，2010年，第6页。

6 [美]理查德·佛罗里达：《创意阶层的崛起》，司徒爱勤译，北京：中信出版社，2010年，第9页。

心创意阶层"（Super Creative Class）和"创造性专业人员"（Creative Professionals）两个层面。在他看来，"创意阶层的核心成员包括科技、建筑和设计、教育、艺术、音乐以及娱乐等领域的工作者，他们的经济职能是创造新理念、新技术和（或）新的创意内容。"具体包括科学家、大学教授、诗人、小说家、艺术家、演员、设计师、建筑师，引导当代社会潮流的小说家、编辑、文化人士、咨询公司研究人员以及其他对社会舆论具有影响力的各行各业人士。而他所谓的"创造性专业人员"是紧紧围绕这个"核心阶层"的一个更为广阔的群体："分布在商业和金融、法律、卫生保健等相关领域。这些人员主要负责解决复杂问题，需要做出大量的独立判断，所以要求具备较高的教育背景或人力资本。"包括高科技、金融、法律及其他各种知识密集型行业的专门职业人员。在佛罗里达看来，不管是"创意核心阶层"还是"创造性专业人员"，他们所有成员，都具有共同的创意精神，即重视创造力、个性、差异性和实力。对于创意阶层的所有成员来说，"创意的每个方面和每种形式，无论是技术的、文化的还是经济的，都是相互关联、密不可分的"。[7]

第二节 创意阶层：北京建设世界性城市的重要标志和发展动力

文化创意产业是文化、科技和经济浓度融合的产物，它凭借独特的产业价值取向、广泛的覆盖领域和快速的成长方式，正在成为全球和现代产业发展中的新亮点。其发展规模已经成为衡量一个国家或城市竞争力的重要标志。

7 [美]理查德·佛罗里达：《创意阶层的崛起》，司徒爱勤译，北京：中信出版社，2010年，第9页。

一、北京创意阶层的崛起

人才是创新、创意活动的主体，是文化创意产业发展和持续繁荣的关键。北京创意产业集聚区以及文化名城与首都的优势地位吸引了大批文化人才，不仅包括享誉全国的文化名人、文学家、艺术家和学者，而且还有众多的领导人才、管理人才、创作人才和表演人才。全国70%以上的影视公司、发行公司和后期制作单位都云集北京，形成完整产业链。北京的电影生产和消费均居全国前列。北京地区集中了353家科研院所，77所普通高等院校，其中设计类专业院校有37所，在校学生过万人，是国内设计人才储备最充足的地区；拥有2万多家覆盖工业、服装、广告等领域的设计公司，从业人员达10万人；聚集了方正、用友等一大批文化创意产业领域的高科技企业，微软、IBM等约有400家跨国公司在京设立了研发机构。各类专业人才聚集北京，不断开展各种创意、创新活动，不断推出新作品、新观念，使得北京文化创意产业充满活力，蓬勃发展。

北京的创意人才资源优势主要体现在以下两个方面：一是创意人才资源的本土培养。北京高校和科研院所林立，为发展文化创意产业培养了大批的创意人才，提供了坚实的智力支持，清华大学、中国人民大学、中国传媒大学、北京服装学院、北京电影学院、中央美术学院等众多高校，纷纷设立文化创意相关专业或人才培训基地，走"官、产、学、研"有机结合的发展模式，实现人才优势、学研优势和资本的有效结合，化优势产业发展的内在驱动力为北京发展文化创意产业添才加智，为文化创意产业的腾飞打下了坚实的基础。二是吸引留学归国人员和海外创意人才的聚集。2009年，北京市实施海外人才聚集工程，以吸引海外高层次人才来京创业。目前，北京市共吸引海外高层次人才163名，其中入选中央"千人计划"67人。这些高层次人才的引进，往往会吸引或带动更多的高层

次人才来京创业，聚集效果将日益显现。到2010年，中关村科技园区共吸引从事创意产业的归国留学人员已突破一万人。这些海外或有留学背景的文化创意人才在京聚集，带来的不仅仅是创意产品，更重要的是海外先进的创意理念。中西文化、不同文明和理念在这里碰撞，必然会产生五彩缤纷的创意火花，赋予文化创意产业以新的内容，滋养着文化创意产业的健康发展。

二、创意阶层——北京建设世界城市的动力与标志

随着北京市文化创意产业发展规模的不断扩大，产业国际化程度也逐步加深，北京聚集了一大批国际性创意人才，部分创意产品和企业开始走向国际市场，产业在国际竞争中的地位不断提升。北京已经成为中国文化创意产品和服务贸易最重要的地区，优势行业出口规模居全国前列。形成了若干具有一定国际知名度和影响力的文化创意产业集聚区。其中，北京市798艺术区、潘家园古玩艺术品交易园区、中关村软件园等已经发展成为具有一定国际知名度和影响力的文化创意产业集聚区。创意产业融资日益国际化。越来越多的北京市文化创意企业放眼国际资本市场。

人才是北京打造国际化创意之都的动力和标志。佛罗里达在《创意经济》一书中指出，创意阶层的崛起是世界"世界磁石城市"的基石，没有创意人才就不可能有创意产业，更不可能产生创意城市。国内学者盛垒和杜德斌也就国际著名创意城市提出了一些标准：发达的创意产业、密集的创意阶层、强大的技术创新能力、宽松开放的创意氛围、众多知名的大学、高效的知识产权保护体系、完善的制度结构。在创意时代，形成一个具有多样性、宽容性及具有创意氛围和环境的城市才能够吸引更多的创意人才，促进城市的经济繁荣和增长，显得尤为重要。

三、北京文化人才集聚模式分析

在很多学者的研究中，通常把人才集聚模式大体分为市场主导型、政府扶持型、政府牵引型、企业集聚推动型等几种。市场主导型人才集聚的产生原因多为资源禀赋上的天然优势及市场经济的成熟完善；政府扶持型人才集聚模式是指在人才集聚形成与发展过程中政府的作用一直比较突出；政府牵引型集聚模式说明人才的流动与集聚日益走向市场化，政府的作用越来越小，但仍具有不可忽视的影响；企业集聚推动型集聚模式是指企业集聚对人才具有很强的吸引力，促进专业人才集聚。下表对北京、上海、香港、伦敦、首尔文化人才集聚模式进行了比较，发现北京文化人才集聚模式是一种以"市场主导、政府牵引、企业推动、高校与科研辅助"为主要特点的市场政府混合主导型的发展模式。即一方面充分发挥市场的资源配置作用，尊重市场自由、鼓励市场竞争；充分发挥高校与科研机构的作用，培养更多的高级文化创意人才，并为政府政策的制定提供有效的建议和依据。另一方面通过政府积极引导和扶持企业，多层次、多角度地参与其中，促进全方位的发展渠道的形成。

北京、上海、香港、伦敦、首尔文化人才集聚模式比较

	文化人才集聚模式	文化人才集聚模式形成原因
北京	市场主导政府牵引企业集聚推动	文化企业的发展；政府制定文化人才引进相关政策；龙头文化企业的带动；教育和科研机构的集聚。
上海	市场主导政府牵引	上海的文化企业得到了很好的发展；近年来政府先后实施了多项文化人才的吸引计划。

	文化人才 集聚模式	文化人才集聚模式形成原因
香港	市场主导型	开放自由的经济体系，公正的司法制度和完善的知识产权保护体系以及政府的促进，文化企业的发展得到了最大的支持。
伦敦	政府牵引型企业集聚推动	政府提出了完善的文化企业政策，加强知识产权的保护，开拓出口市场；伦敦市设立了"创意之都基金"，为那些有才华和有创意的个人提供支助，以激发他们的创意潜力。
首尔	政府扶持型	政府积极推动文化企业发展，创建文化企业园区，制定人才吸引政策。

市场的作用主要体现在北京一些企业聚集区的设立。作为国家的政治、文化、教育中心，她所具有的向心力是国内其他城市无法比拟的。据统计，截至2011年"世界500强"中共有25家企业总部位于北京市。北京高居全球城市第二名，超过纽约（18家）和伦敦（15家）。总收入高达13614.07亿美元，居全球城市第三名。截至2007年底，"世界500强"企业在京设立机构共有447家，其中"中国企业500强"总部位于北京地区的共有99家。强大的向心力和经济基础，使得北京的文化企业发展极为迅速。2005—2009年，北京市文化企业的增加值年均增长19.7%，2009年文化企业达到5万余家，从业人员114.9万人。而2011年北京市的文化企业和机构达到了31万家左右，从业人员达到了221.3万人。所以文化企业的集聚对文化人才的吸引作用是极大的。

政府的牵引主要是北京市政府制定的针对文化人才引进的相关政策。北京市根据"十二五"规划的内容，将认真落实国家和北京市人才发展规划，坚持人才优先发展，大力培养、引进和使用人才，建设首都世界人才聚集高地。注重人才、团队、项目一体化引进，创建优良的学术环境，集中力量建设中关村人才特区。创新人才管理模式，落实"千人计划""北京海外人才聚集工程"和"中关村高端人才聚集工程"，在全球范围内招纳和吸引高端领军创新人才和高层次创业人才。与此同时，通过加大政府奖励和实行股权、期权、年薪制等多种方式，增强对关键岗位、核心骨干人才的吸引和激励。加强人才服务，在户籍、出入境、医疗、保险等方面为高层次人才创造便利条件。营造尊重人才的社会环境、促进优秀人才脱颖而出。

第三节 北京文化人才集聚教育的问题与挑战

一、人才环境亟待提升

人才环境是人才赖以生存和发展，展示才华和实现价值的生活环境、文化环境、政治环境、产业环境等的总和，是影响人才成功的重要外在因素，直接关系到人才的流动倾向。理查德·佛罗里达在其《创意阶层的崛起》中提出，创意阶层不是以工作决定一切，而是首先选择一个合适的居住地，然后再开始找工作，"环境是提高区域经济竞争力和生活质量的重要资源，是新经济时代吸引人才的先决条件"。

《中国海归创业发展报告2012》针对海归回国障碍的调查显示，海归顾虑最多的是社会文化障碍，占比79.6%。其次， 69.6%的海归认为政策制度是他们回国的重要障碍，顾虑家庭生活因素及职业发展因素的海归均占67.2%。由此可见，在全球化人才竞争中，生活环境、文化环境、与人才职业发展密切相关的产业环境及制度环境是制约我国文化人才集聚的重要因素。作为我国人才集聚

的主要城市之一，北京在人才环境建设方面也亟须改善。

（一）生活环境

根据北京市统计局数据，截至2012年末，北京常住人口达到2069.3万人[8]，同2000年的普查相比，增加705.7万人，增长51.75%，年平均增长率为3.7%，人口急剧膨胀。与之相伴随的是人口分布不均衡问题。由于缺乏有效的城市空间规模布局，北京中心区集中了经济、政治、文化、社会服务等多重功能，吸引大量人口就业、购物、休闲等，使得中心城区过度拥挤。由表1可见，北京市中心城区的人口密度是整个城市人口密度的19.59倍，这一比值伦敦仅为1.55，巴黎5.23，纽约5.74，东京2.20。城区人口的过度集中，进一步加剧了北京的交通拥堵、环境污染、住房困难等问题的严峻性。

伦敦、巴黎、纽约、东京、北京5城市人口密度分布比较[9]

	中心城区人口密度 （人/平方公里）	整个城市人口密度 （人/平方公里）	二者比值
伦敦（1995）	7325	4716	1.55
巴黎（1995）	20495	3915	5.23
纽约（1995）	9225	1606	5.74
东京（1995）	13800	6275	2.20
北京（2010）	23407	1195	19.59

资料来源：《城市化的世界1996》及北京市统计局

（二）文化环境

受政治因素影响，北京一直采取较为严格的对外开放政策，对外开放程度不高。《机遇之都2012》显示，在27个城市中北京的经商便利指标排名21，其子指标免签国家数量排名25，签证旅行

8 北京市统计局：《北京统计年鉴2013》，北京：中国统计出版社，2013年，第31页。
9 由于北京城市化进程比世界发达城市晚，因此数据具有可比性。

的灵活性排名24，直接反映了北京的国际化水平有待提高。外籍人口数量和所占比例常常作为衡量城市的开放性及国际化主要指标之一，世界城市的外籍人口比例通常在10%以上，伦敦的外国人口约33%，巴黎的外国人口约是25%。北京的外国人口[10]接近17万，占市人口总量的1%左右。人才聚集的马太效应强调，强势地区在吸引人才集聚过程中更加强势，弱势地区在此过程中会更显弱势。北京外国人口占比低，尚未形成吸引外国文化人才集聚的强势规模。

包容的文化环境强调多样性的宽容，强调移民与常驻人口、男人女人、同性恋异性恋等社会地位平等、机会均等。在人口控制目标的制约下，北京市一直采取较为严格的户籍管理制度。受户籍制度的限制，外来人口与本市籍人口存在身份上的不平等，就业机会不均等，基本公共服务不对等。北京为调控房价采取的限购政策，为解决交通拥堵采用的摇号制度，以及针对外来人口子女教育、医疗服务、社会保障等方面，均存在本地人排斥外地人的政策倾向，城市文化缺乏应有的包容性。

（三）产业环境

人才的职业发展、人才价值的实现依靠良好的产业环境。近年来，虽然随着北京文化创意产业高速发展，电影制作、动漫游戏研发制作、广告和会展、设计创意、旅游等全国中心的地位的逐步确立，以及不断完善的文化创意产业链，使其具备了较为优良的吸引各方文化人才集聚的产业环境，但在文化消费、信息流动、创业等方面依然存在着不足。具体体现在政府主导、市场机制弱化；文化消费不振，文化市场空间有限；税收优惠限制性较强，文化企业负税较重等诸多方面。

---

10 北京市社科院《2010北京蓝皮书北京社会发展报告》，其中外国人包括长期在京工作的外国人、在京留学生、平均每天在京旅游外国人，研究课题组认为，从长期看，旅游人口数量相对稳定。

（四）制度环境

目前，北京关于文化人才的政策制度不断发展，据不完全统计，北京市的各类人才政策超过300项，涉及人才引进、人才培养、人才评价与使用、人才激励与保障等多方面，但这些政策往往出自政府部门的规范性文件或部门规章，法律约束性，实施效果不佳，北京文化人才相关法律制度仍然不完备。

仍然存在为文化人才制定相关政策，但是开放力度有限。引进人才的政策制度不完备，落脚点一般放在如何吸引人才上，缺乏有效的人才评价制度，与人才培养、社会保障相关的政策体系不完善等问题。

二、文化人才质量较低

（一）高端创意、行销人才结构性短缺

现代产业体系突出的特点是高端产业的发展，高端产业及其体系的发展需要合理的人才资源结构与其匹配。由于我国文化人才培养与社会需求严重脱节，我国文化人才市场出现了大量文化人找不到工作和社会需要的文化人才供不应求的尴尬局面，文化人才面临结构性短缺。文化人才结构性短缺突出表现为高端原创人才稀缺，创意产业从业人员的原创力不足，推出的文化产品技术含量低、附加值不高，世界竞争力和影响力不足；将内容产业化和市场化的高端行销人才严重缺乏；不同所有制单位人才分布不合理。

（二）人才的投入——产出效能低

《首都中长期人才发展规划纲要（2010—2020年）》提出，到2020年，人才贡献率达到60%，截至2011年年底，北京的人才贡献率已达到40.6%[11]，与当前世界发达国家大多60%以上的人才贡献率

---

11 《北京"智力"贡献率超过40%》，《北京商报》，2012（07）http://finance.ifeng.com/roll/20120702/6689080.shtml。

相比，差距仍然显著。从整体来看，数据显示，2009年33.6万创意人才为伦敦经济附加值贡献了330亿美元[12]，折合人民币2023.5[13]亿元，人才平均贡献值约为602232元；同年北京114.9万创意人才为北京经济附加值贡献了1489.9亿元，人均贡献值约为129669元，伦敦的人均贡献值约为北京的5倍。北京人才的产出效能低，在高端人才的人均贡献率上表现更为明显，我国工程师所创造的产值只有美国工程师的1/16、德国工程师的1/13、日本工程师的1/10。

（三）文化人才培养体系不健全

世界城市的建立，在全球范围内保持竞争优势，依赖外来的高端人才，更需要对本土化人才的培养。随着文化产业的发展、新型业态的出现，创意产业呈现明显的融合性，对文化人才提出更高的要求。文化人才仅需要渊博的文化知识、强烈的创意意识、扎实的专业能力，也需要有较高的社会洞察力、市场把握力、人际沟通力、经营管理能力、具有国际视野。而目前北京的人才培养体系难以满足文化人才培养的需要，培养体系不健全。

（四）教育资源分散，缺乏有机整合

人才培养包括涉及政府、高校、职业教育机构、企业等多个主体。政府在人才培养中主要起制定政策，提供财政支持，引导高校、职业教育机构、企业等对人才的培养。社会对文化人才的"金字塔"需求，意味着教育资源分配、人才培养也应建立自上而下的完整体系，而目前北京市的教育资源分散，教育体系尚未形成。

（五）培养模式与企业需求脱节

培养模式与企业需求脱节是造成目前人才结构性短缺的重要原因，主要表现为：人才培养目标与企业需求的脱节，教学内容和课程体系与企业需求的脱节，培养管理方式与企业需求的脱节，高校

---

12 向伦敦纽约学创意http://fashion.ifeng.com/news/detail_2012_06/12/15220238_0.shtml。
13 按汇率1美元＝6.1317元人民币计算。

孵化器建设不完善，产学研一体化尚未实现。

（六）人才培养的国际化不足

北京在全球竞争中保持优势，必须依靠能够了解多元文化和国际规则，且善于国际交往的队伍，因此，必须从全球视角出发，推动人才培养体系的国际化，营造人才培养环境的国际化。目前北京人才培养的国际化水平不高。从培养体系看，传统应试教育培养理念，以强制性、服从性为特征的传授型教育，使得国际化难以融入人才培养的各个环节。从培养内容来看，现有的课程设置偏重对人才语言能力的培养，缺乏对国外文化政治制度等内容的传达，更缺乏对学生国际意识、国际知识和国际交往能力的培养。从培养方式看，国际化人才培养方式主要包括与境外合作办学，或依托境外培训机构和高等院校，或通过国际学分互认等方式培养人才。从培养环境看，国际化的培养环境要求师资队伍的国际化和学生队伍的国际化，并建设国际化的校园文化氛围。

由上文分析可见，优化教育资源配置，推动职业教育发展；创新教育理念，推动教育与实践结合；加强国际交流，促进人才培养国际化，是文化人才培养体系完善必须解决的问题，这些问题的解决均依赖政府之手的引导。

三、北京文化人才集聚教育的挑战

（一）对发达国家文化人才的吸引难度很大

人才聚集的马太效应强调，强势地区在吸引人才集聚过程中更加强势，弱势地区在此过程中会更显弱势。在世界范围内的人才竞争中北京尚处于劣势，表现为对发达国家文化人才的吸引难度很大，在人才争夺战中人才海外流失现象明显。改革开放以来，我国送出140万海外留学生，居世界之首，却只有30多万人回国，其中，从北京流出的人才比例份额颇高。据统计，近20年来，清华大学80%、北京大学76%高科技专业毕业生去了美国。与之相对的是，由于经济和科技实力落后，缺乏完善的移民制度及社会文化差异等，移入北京的发达国家人才少之又少。数据显示，2012年北京来自欧洲、北美洲、大洋洲发达地区的留学生仅1.1万人。

（二）国内的文化人才竞争

除了与发达国家的人才竞争外，北京还面临国内如上海等其他正在建设世界性城市以及二线城市的人才争夺。

在北京产生首批10个领导小组认定的集聚区之前，上海的集聚区以有50多个，相较于北京，上海在集聚区建设方面的制度更加完善。从2003年开始，"万名海外留学人才集聚工程""香港千名专才计划""浦江人才计划""上海青年高端创意人才促进计划"等一系列政策的实施和有序推进，在海外人才中间产生极大影响。

国家出台大量区域发展政策推动区域经济的发展，促进了二三线城市的崛起，二三线城市的工作机会增多、生活条件改善、收入水平提高，对人才的吸引力显著增强，同时二三线城市对于文化人才建设更加重视并推出相关政策。2010年厦门启动"双百计划"引进高层次人才，2012年推进实施"海纳百川"人才计划，并成立市高层次人才发展中心，打造"高层次人才之家"。2013年《厦门市"海纳百川"人才计划优惠政策暂行办法》提出"白鹭英计划"，在人才居留和出入境、落户、保险、住房、税收、通关、薪酬、金融服务、政治权利等方面提供优惠政策，并分为"金鹭英才卡"和"银鹭英才卡"，适用不同层次的人才和优惠政策。青岛先后实施了《青岛市引进高层次优秀人才来青创新创业发展的办法》《关于实施"青岛英才211计划"加快推进"百万人才集聚行动"的意见》及《青岛市文化人才培养和引进计划》（2013），依托青岛的区位优势，打造文化人才建设高地。

综上，面对国内外激烈的人才竞争，未来北京人才集聚面临的主

文化北京

要挑战包括：人才环境是吸引人才集聚的先决条件，如何改善人才环境建设，以提高北京在人才竞争中的竞争力；建设世界城市强调多层次多样化文化人才的集聚，在控制人口规模的制约下，如何实现文化人才的机构合理化。

（三）文化人才聚集的政府引导与市场调节

在日趋激烈的人才竞争中，如何更好地处理政府引导与市场调节的关系，对北京市有效有序推进人才集聚工作，构建世界性城市来讲至关重要。

前文分析提到，北京市在人才集聚过程中面临的主要问题，比如具有国际影响力的产业集聚区品牌缺少、人才管理的不配套等多由于市场配置作用缺失导致。与发达国家相比，北京人才市场发展不健全，企业和中介机构的国际竞争能力不足。目前北京市具备国际竞争力的优秀企业较少，大部分企业参与国际人才竞争往往面临资金缺乏，管理水平不高等问题，对人才的吸引不足，引进人才后的利用不高，有效的人才社会管理机制尚未建立。西方文化人才集聚主要有市场主导型人才集聚模式和政府扶持型人才集聚模式，无论哪种模式都注重发挥市场在人才配置中的主导作用。在改革的过程中如何应对各方势力的阻碍，构成北京人才集聚过程中发挥市场配置作用的重要挑战。同时，在减少行政干预，引入市场机制的过程中，如何更好地扶持、引导北京文化企业的发展，发挥企业吸引人才的主体作用，提高企业对国际化人才的吸引力，完善相关政策，建立健全人才信息库是北京吸引人才集聚，提升国际人才竞争力必须应对的挑战。

综上，对于文化人才集聚的引导之"手"，最后必须逐步过渡到文化人才的市场化调节，政府应从直接参与转到通过建立体制机制、完善政策法规、健全监管、做好服务、优化环境等来引导人才集聚。在角色转变的过程中，北京市政府必须做好准备引导北京企业应对国际化企业竞争，同时制定方案扫除改革阻力，使损耗最小化，最终建立政府引导和市场调节相结合的人才资源开发和配置机制。

第四节　构建北京文化人才的集聚机制

党的十八届三中全会把推进文化体制机制创新作为当前国家建设的一项重要任务提出来，强调要紧紧围绕建设社会主义核心价值体系、社会主义文化强国深化文化体制改革，加快完善文化管理体制和文化生产经营机制，建立健全现代公共文化服务体系、现代文化市场体系，推动社会主义文化大发展大繁荣。并特别指出要完善文化管理体制。按照政企分开、政事分开原则，推动政府部门由办文化向管文化转变，推动党政部门与其所属的文化企事业单位进一步理顺关系。建立党委和政府监管国有文化资产的管理机构，实行管人管事管资产管导向相统一。对此，北京市在未来一段时期内，应该以此为方针和原则，持续加大文化人才吸引、激励、制约和保障等方面的建设，加快完善文化人才的集聚机制。

一、建立国际化的高端文化人才吸引机制

在越来越激烈的世界人才争夺战中，北京市应该逐渐完善国际化的高端文化人才吸引机制，在精神层面、环境层面、产业集聚层面和政策层面来打造北京市良好的城市形象，为文化人才的集聚创造优良舒适的环境，加快产业结构升级，打造国际化的创意产业集聚区，最大化地吸纳国外文化创意精英。

想让各类高端国际化文化人才驻足北京，一个公平、透明、包容的制度环境的形成，必然成为重要的磁极。从北京目前的状况看来，要形成这样一个制度环境，应该逐步采取放松文化人才的户籍管制、提高文化行政办事效率，同时完善文化人才政策制度等措施

来予以推动。北京市一直以来采取的严格的户籍管理制度，很大程度上限制了文化人才的流入和工作生活质量，各种机会、福利不均的现象也影响了人们的工作热情。对此应该尽快放宽高端、国际文化人才的户籍准入标准，改善一般文化人才的工作居住证制度；针对文化产业行政审批办理时间久、审核过程多、门槛较高限制较多的问题，建议政府提高行政审批的效率，推进电子政务的开展，简化行政审批的过程和审批手续，降低办理难度；北京关于文化人才的政策、法律制度虽然在数量和质量上已经有了明显的增加和提升，但仍然存在运作过程不透明、法律约束性不强、细分不明确、缺乏监督反馈机制等问题。建议北京市政府完善文化政策征订前的听证会制度，给予社会更大的评论监督权利，并建立人才政策反馈机制，拓宽文化人才对自身合法权利的诉求渠道。同时要对现有的文化人才制度进行细化和分类，完善各类文化人才培养、社会保障、人才考核评估等相关的政策，同时将现有的法律法规体系化，增强法律约束性。除此之外，还可以开通各种渠道来宣传、解答文化人才政策的内容和实施中的问题，以增强社会影响力。

在这方面，可以考虑将中关村人才特区政策扩大到北京市的文化人才领域。如高层次人才享受医疗照顾人员待遇，可以凭相应的高层次人才有效证件，到指定的医院机构就医。在户籍方面，面向人才特区具有中国国籍、愿意落户北京的高层次人才，不受其户籍所在地的限制，直接办理落户手续；在吸引海外高层次人才方面，如其愿意放弃外国国籍、申请加入或恢复中国国籍，根据有关法律规定，为其优先办理入籍手续，其随迁配偶也被纳入北京市公共就业服务体系，优先推荐就业岗位，积极提供就业服务。在住房方面，北京市住保办协调有关区县、产业园区，提供人才租赁住房房源，并由北京市海外学人中心和中关村创新平台，由其安排符合条件的人才入住，等等。这些措施如果能够实施，将会解决许多北京文化人才的实际生活工作问题。极大地推动北京市文化人才的聚集。

二、建立现代化的文化人才激励机制

建立现代化的文化人才激励机制，主要指的是为进一步培养文化人才，激发文化人才的创意潜能而进行的制度设计。具体可以通过设定特殊文化精英岗位、实施文化领军人才的"北京津贴"制度、领衔建立国内文化人才信息共享激励制度来实现。

（一）实施文化领军人才的"北京津贴"制度

要在整合现有北京人才津贴基础上，设立针对文化创意产业领军人才的"北京津贴"制度。

人才津贴可由货币津贴和配套优惠组成，总体补贴额度应该具有一定的国际竞争力。在实施"北京津贴"制度时，应该遵循少而精的原则，对重点人物进行大力支持，力戒撒胡椒面。同时，确保相关信息透明、公正、公开，接受社会的监督，并对补贴对象实施动态化评估和管理，以确保津贴起到实质性的激励作用。

同时，应该不断完善"北京津贴"吸引人才机制的相关法律法规和配套优惠政策，来确保机制的行之有效。像东莞研究制定多项政策措施，包括《关于加快优秀文化人才引进的实施办法》《东莞市文化人才积分制实施细则》，探索建立了高层次文化人才津贴制度、文化名人个人工作室、文化科研项目扶持资助制度、优秀人才积分制度，以及优秀文化人才职称评审、医疗服务、配偶安置和子女就学"绿色通道"制度，成功引进多种高层次人才。北京应该向东莞学习，制定出符合自身情况和特色的北京文化创意领军人才的津贴制度。

（二）设定特殊文化岗位，以完成重大攻关项目。

随着文化产业的深入发展和文化产业服务其他产业的程度不断深化，北京市包括国家都在建设一些具有战略意义的重大文化攻关

项目或工程，或者需要在一些领域进行一些重大的文化创新，此时，可以通过设立特殊文化精英岗位，以项目招标的方式在全球招聘人才，为其提供高薪和优越的工作生活条件，以快速集聚海内外文化精英人才进行项目攻关。

文化精英岗位的确立，以岗位的高度创新性和特殊性来配置高薪和配套条件，无论人员资历如何，只要他能够胜任这个岗位，并且取得了明显的成效，就可以享受相应的待遇。特殊文化精英岗位，建议由政府和有需求的国内重点企业合作，共同来设立。在实施过程中，要兼顾短期效益和长期效益，要给予人员一定的试错空间，要建立全面的人才考核评价体系。

（三）建立国内文化人才信息共享激励制度

目前国内通行的人才属地制度，使得优秀人才只能在某一个地方为某一个单位服务，这无疑大大降低了人才的使用价值，有很大的局限性。目前国内由于各地区对文化人才的定义有差异，对文化人才的统计路径、人才评价标准不统一，造成人才共享机制基础的缺失，间接阻碍了不同地区文化人才的自由流动和共享。建议设定全国统一的文化人才的级别划分标准，对全国文化人才进行统计管理，建立相应的文化人才信息平台，在信息平台上，除了全国现有的各类文化人才统计信息进行汇总展示，还要将全国文化人才集聚区、文化产业园区、各地文化人才政策、优势文化企业信息进行汇总。建成人才、企业、政府三方面的信息汇总、交流平台和全国文化人才信息库。

北京市要在整合全国乃至国际文化人才信息的基础上，出台对于文化人才共享的激励制度。对于在文化人才共享方面为北京做出了贡献的省市政府部门、社会机构、企业和个人给予奖励，或享受一定的优惠政策，以鼓励更多的省市和海外机构参与北京文化人才信息共享体系。

三、打造系统化的文化人才管理机制

文化人才管理机制是为保证人才集聚机制有序化、规范化的一种机制。北京市应该在现有的文化人才管理方式上，不断明确管理职能，打造系统化的文化人才管理机制。

首先，制定专门的北京市文化人才规划和政策。

目前，北京已经制定的人才政策包括《关于进一步加强党管人才工作的实施意见》（2013年）、《北京市属高等学校高层次人才引进与培养三年行动计划（2013—2015年）》（2012年）、《首都中长期人才发展规划纲要（2010—2020年）》（2010年）、《北京市促进留学人员来京创业和工作暂行办法》（2009年）和《关于实施北京海外人才聚集工程的意见》（简称"海聚工程"，2009年）等，国家也提出了文化领域的"四个一批"和"文化名家工程"等中长期文化人才发展规划等。但迄今为止没有专门的北京市文化人才规划和政策。这在文化创意产业已经越来越成为北京市支柱产业之一的今天，显然是不合适的。因此，北京市应该组织人力、物力和财力，经过调查研究和科学论证，制定符合北京文化创意产业发展的专门的、自成体系的北京市文化人才规划和政策。

其次，建立北京市文化人才结构需求素养的监测、评估与发布体系。

随着近年来北京市文化人才数量的逐年增长，建立北京市文化人才结构及需求监测、评估与管理体系十分必要。它能够帮助政府、企业和文化人才了解北京市现有的文化市场和人才结构状况，有利于加强文化人才需求与文化产业发展的对接和管理。

文化人才素质测评与考核评估机构首先应该致力于创建一个针对文化人才的素质测评和考核评估的标准体系。这个标准体系除了静态地反映文化人才的素质水平和工作绩效之外，还应随着人才素

质的提升而使用不同的指标。对于这些标准的设计，国内已有一些学者进行了探讨，如张燕、王晖和蔡娟娟提出了文化人才素质测评指标体系，认为要对文化人才进行"知识、意识、能力、性格、绩效"为标准的一级测评，同时每一个标准还要细化到具体的二级指标。但仅此还是远远不够的，还需经过学者、政府、企业、人才等多方面的广泛讨论，不断征求意见，经过科学评估和模拟实验后，最后确定下来。

机构还应该设立文化人才考核评估反馈环节。定期对人才进行会谈和调查，满足人才的特殊需求，并对考核评估过程中出现的新问题予以解决。同时，人才考核评估体系还应该同人才管理的其他体系，像人才招聘体系、人才培养体系、人才信息交流体系相联系，保持体系之间交流顺畅和信息共享。以此提升政府管理人才的效率，实现信息的透明化和公平性。

最后，完善全方位的文化人才保障机制。

文化人才保障机制是指能够保障北京市文化人才有效、持久集聚的各种具体措施。具体包括打造国际性文化人才信息交流平台、设立文化人才政府猎头职能，整合文化人才孵化器和建立文化人才教育体系。

第一，整合现有文化人才网站，建设权威的、国际性的文化人才信息交流服务平台。

北京现有的人才信息网站分为一般性人才网站和文化人才网站。一般性人才网站有北京人才网、北京市人力资源和社会保障局官网、首都人才网、中国国家人才网以及各类企业性质的人才招聘网站。文化创意类人才网络有文化部文化艺术人才中心创建的中国文化人才网、创意人网站，中国艺术设计联盟下面的中国文化人才网、文化人才网、中国创意设计人才网和文化产业人才网等。纵观门类众多文化人才信息网站可以看出，目前的文化人才信息网络平台大多缺少统一口径，同时存在规模较小，信息不够丰富，人才社区和人才库建设缺失，知名度和影响力弱，以及自成一体，缺乏合作等问题，严重影响了文化人才信息的整合和人才交流、流通。因此，北京市应该在摸清现状的情况下，对相关资源进行整合，委托第三方组织或企业，建设一个权威的、国际性的文化人才信息交流平台。

第二，开展大型国有猎头公司的海外文化人才战略。大型国企在世界影响力和竞争力方面存在优势，大型国有企业除了利用政府资源吸引海内外高端人才的同时，也要利用其国际影响力，积极推进海外文化人才业务。或者也可以通过进驻海外中介市场，购买海外中介公司股份、同跨国中介公司合作等方式来为北京乃至全国最大化吸收国际文化精英人才。

第三，要丰富高校孵化器的服务内容，增加文化人才孵化、培育功能。2010年科技厅发布的《高校学生科技创业实习基地认定办法（试行）》，认定了北京林业大学科技园等22家单位为高校学生科技创业实习基地。然而现有的高校科技园作为高科技企业孵化器，在定位和服务内容上面内容比较单一，缺乏对创意产业类企业的关注，也缺少了同高校文化人才资源对接的部分，高校之间的互动较少。建议成立一个权威性的文化创意产业孵化器中介组织，来沟通北京各高校文化人才、企业和政府之间的关系。同时，丰富现有大学科技园和孵化公司的服务内容。为文化人才提供实习、研究结合的场所和硬件设施，增加对文化人才的培训、考核和评估等环节，也可以创新服务形式，通过创建创意工作室来实现高校的孵化功能。

第五章
北京建设文化信息传播中心

将北京建设成为文化信息传播中心，意味着北京的文化信息传播要走在全国文化信息传播领域的领先地位，还意味着要在国际传播格局中占有一席之地，代表中国发出声音。因此，我们需要从北京地区文化传媒行业发展的现实以及构成文化信息传播生态环境的基本要素等角度去审视北京文化信息传播赖以进行的媒介环境。

第一节 北京文化信息传播的现状与成就

随着信息技术、通信技术以及互联网的飞速发展，人类生产方式、生活方式和思维方式在不断变革。信息传播的内容、形态和生产方式都发生了重大变化，对传统媒体的优势地位带来了巨大冲击，形成了当前社会文化信息多元化传播的崭新格局，"大传媒时代"已经到来。

一、传统媒体面临巨大挑战

北京有众多重要的传统媒体单位，如新华社、《人民日报》、中央电视台、《光明日报》《经济日报》等为代表的中央级主流新闻媒体；《北京日报》、北京电视台、《党建杂志》等为代表的

区域性传统主流媒体，以及《北京晚报》《北京晨报》及《北京青年报》等都市类、经济类、娱乐休闲类、信息服务类媒体。

传统媒体正面临诸多考验，尤其是北京作为网络传媒最发达和使用最频繁的地区之一，随着自媒体的普泛使用，信息来源的渠道日益多元，自媒体在突发热点、敏感问题上的跟进及传播过程中严重挤压着传统媒体的生存空间，使得传统媒体往往处于"沉默""失言"甚至"乱语"的状态。正是在网络媒体的冲击下，传统媒体主导舆论的现象受到很大冲击，报业经营出现严峻局面，报纸广告经营下滑，报纸订户数量逐年减少。据艾瑞统计数据显示，2008—2011年间，北京地区电视机开机率从70%下降到30%，电视观众不断减少，且观众中老年居多、电视开机时间越来越短，广告收入下滑、效益减少等问题更加突出。

二、"中国网都"地位逐步确立

围绕"网都"建设，北京在网络平台建设和制度机制两个层面重点着力，为新兴媒体的蓬勃发展奠定了现实和制度基础。

一方面，加强网络平台建设，提高北京互联网的普及率。目前北京地区互联网普及率已超70%，超出全国普及率近30个百分点，网民规模庞大，手机网络用户激增。[1]另一方面，新媒体在带动传统产业转型升级、推动经济发展和社会进步、提升政府的公共管理和公共服务水平、促进社会主义文化建设、畅通舆论表达渠道、增强国家综合竞争力等方面发挥了越来越突出的作用，成为社会不可或缺的一部分。但新媒体的出现也使得互联网成为了谣言、虚假信息集散的重灾区。为了增强首都网络文化对社会主义核心价值的传播力、辐射力和影响力，抵制危害我国文化安全和不良信息的传播，

---

1 中国新闻网，《北京地区互联网普及率超70% 手机网民激增》，2013年，第8—20页。

2011年12月，在经过广泛调研和听取各方面意见的基础上，北京市人民政府新闻办公室、北京市互联网信息办公室等4家单位联合制定并颁布了《北京市微博客发展管理若干规定》（以下简称《若干规定》）。《若干规定》对微博客的运营网站、使用微博客的组织或个人、微博客传播的内容信息、微博客管理部门、行业协会等相关主体的责任和义务进行了明确的阐述，要求各门户网站建立健全微博客信息安全管理制度、虚假信息揭露制度，并对有害信息的传播予以制止和限制。为了进一步加强新媒体的精神文明建设，2012年2月，由北京市网管办会同首都文明办、北京网络媒体协会等9家单位共同制定的《北京市文明网站、文明频道测评标准》（以下简称《测评标准》）正式被审议通过。《测评标准》内容涉及"文明创建活动深入有序""网站运营管理规范""内容健康，服务优质""加强队伍建设""遵纪守法，诚信经营""严格自律，主动接受监督""热心公益，履行社会责任"等7个方面，规定细则在方向上与目前网络发展的现状和舆论导向的需要相一致。2012年11月5日，北京市还正式成立了中共首都互联网协会委员会，加强对网络文化建设的管理与领导。首都互联网协会党委会是中国互联网协会成立的第一个党委，是对互联网行业管理机制的完善，也是非公有制企业党建工作的一项重大创举。截至2012年底，北京属地共9家网站成立了党组织，26家主要网站共有党员2680人，其中百度等3家网站成立了党委，千龙网成立了党总支，首都之窗等5家网站成立了党支部，极大推动了首都网络文化的健康发展。

三、传播格局趋于多元融合

北京作为首都城市，大众传媒的勃兴对于北京的政治、经济、文化生活产生了革命性影响。"北京微博发布厅"是北京市主动适应新形势的要求，极大拓宽了党和政府与人民群众的联系渠道，网

民表达、建议、批评、监督的方式日益多样，网络问政，微博反腐成为监督热点。

新媒体对于北京乃至中国传统的传播格局最大的影响，就是建构了多元而广泛的舆论表达空间，传播主体极其多样，传播手段极大丰富。从广义的新闻信息和舆论传播角度看，已经形成了商业网站、新闻网站和社交自媒体叠加影响的新闻舆论传播格局。

第二节 北京文化信息传播存在的主要问题

北京作为首都和全国的政治、文化中心，是我国文化综合实力、网络文化发展领先的城市，聚集着众多重要的传统媒体单位，同时也是重要新兴媒体的总部及策源地。北京建设文化信息传播中心具有天然优势和发展基础，但新形势下也面临一些主要问题。

一、传统媒体公信力下降，舆论引导能力受冲击

公信力产生影响力，影响力决定引导力。面对新技术新媒体快速发展态势，传播格局正发生深刻变化，当前的传媒主要由传统媒体、网络媒体与移动媒体三大板块构成，是"三原色"，以此交叉融合演变出无数的新媒体形态。目前北京市的传统主流媒体，如《北京日报》《北京晚报》《京华时报》《新京报》《北京青年报》《竞报》等主要报纸，北京电视台、北京人民广播电台等或多或少介入了新媒体实践，但其新媒体产品总量和结构，均与首都发展的规模和所处地位不符，在互联网及移动终端传播影响力总体不佳。虽然北京被称为网都，但在传播影响力方面，真正反映网都地位的主要是商业网站，而市属新闻单位建设的网站与之差距巨大，比如北京市曾倾力打造的千龙网目前中文网站排名仅2247位，而北京市政府网站首都之窗仅4107位。另外，目前最具影响力

的微博平台上，北京市属媒体中只有《新京报》的官方微博具备一定影响力，其他官媒与微博平台上的大V们相比较处于明显弱势。[2]

二、对外传播效果不理想，影响文化软实力的提升

（一）传播内容选择缺乏针对性，传播效果差

文化传播无论是对内还是对外，在内容选择上有一个特点：主观倾向性很强，总是强调"我想让你知道什么""你应该知道什么""你应该学会什么"没有充分认识到受众的愿望、意图和心理认同、接受是文化传播的目标。而且过分强调宣传，片面理解正面报道，正面报道铺天盖地，惯于使用政治口号，容易出现堆砌政治术语的现象，易造成国际受众误解、猜疑甚至反感，导致对外传播让人难以信服；关注视角狭窄，传播内容重复，特别是忽视外国受众的需求、兴趣和价值观，忽视传播内容的多维性、合理性，导致文化传播信息量少，可欣赏度低，吸引力差，主观色彩和说教味浓厚，内容缺失针对性，不仅外国受众，而且中国受众也会半信半疑，传播效果很差。[3]

（二）传播主体单一，传播渠道不够多元化

我们的对外传播在很大程度上是由国家唱主角，以政府为主导，国家目前仍然在对外传播行为中起着决定性的作用：政府决定传媒的报道计划，批准和资助传播内容、促成传播过程甚至评估传播的结果，随着全球化和国际交流的日益深入，这样的传播结构已经不能完全适应对外传播的需要。而公众外交、公众传播的比重还有待提高。这种传播现状的弊端是政府对传媒管得太死，导致文化传播力弱、时效性差，既影响传播者的形象和可信度，也影响传播的效果。一些西

文化北京

2 王学锋、庞宇：《全媒体挑战下北京媒体的探索与出路》，《新闻传播》，2013年第2期，第10—11页。

3 徐稳：《全球化背景下当代中国文化传播的困境与出路》，《山东大学学报》（哲学社会科学版）》，2013年第4期，第96—103页。

方国家的民众对政府渠道的"宣传"存在本能的戒备甚至抵制。当然，这并非否认官方渠道在对外传播中的重要作用，而是主张要改变我国对外传播中媒介和渠道单一的局面，实现由官方渠道"一花独放"到官方、公众多种渠道"万紫千红"的转变。

（三）对外传播资源和国际话语权有限，不能完整客观地展示城市文化形象

由于对外宣传形式生硬，内容单一，因此，在很大程度上，我们的国家形象和城市形象还是依赖西方媒体强国的"他塑"来完成的。美联社、路透社、BBC、CNN以及《纽约时报》《华盛顿邮报》《泰晤士报》等西方主流媒体是全球传播体系中发布中国新闻、塑造中国文化的权威媒体，国际社会了解中国城市主要是通过这些媒体。但是，负责再现转型中国复杂全景的西方媒体对中国的报道存在一定的刻板成见，这种刻板成见的存在使得西方媒体向国际公众展现的是片面的、不完整的、不稳定的中国形象。

（四）缺乏危机应对经验，面对危机传播不力

由于受到我国目前信息发布规则和媒介运行机制的综合影响下，对外传播媒体在面对突发事件时，社会预警功能呆滞、失灵、知情不报或缓报等情况仍然存在。由于对外传播媒体对信息发布的不当处理，结果不但国内的反对声音日甚一日，更给境外媒体提供了一个夸大其词的机会，政府形象大受损伤，给政府和对外传播媒介留下了深刻的教训。[4]

在软件方面，比如对外传播能力方面步伐还相当滞后，文化影响力还相当有限，对外舆论力量与北京经济社会发展水平和国际地位还极不相称。发展软实力，掌握国际话语权，加强对外传播能力已成为北京文化建设的重要任务。

---

4 张志国：《我国对外传播中的问题与发展策略》，求是理论网，2011年3月8日，http://www.qstheory.cn/special/2011dd/gjcbnl01/zmz/zbgnff/201103/t20110308_71303.htm。

三、传媒市场体系不健全，缺乏有实力的大型文化传媒集团

由于各地政府掌握着媒体的所有权、人事权、审批权，行政力量多少限制了媒体的发展。另外，本地行政权力也形成了对本地媒体的保护。因为行政权力的切割，形成不了强大的媒体规模和媒体实力。

如今北京的传媒体系已经比较完善，规模实力也较强，但传媒的结构还十分低级，产品结构不尽合理，大型文化传媒机构与国外巨型传媒集团相比，规模小，实力弱，利润率；中央与地方媒体、中心与边缘媒体、主流的体制内媒体与非主流的体制外媒体发展也不平衡，在权力资源、文化资源和资本资源上的分化日益加剧。另外，由于政策壁垒的存在，不同媒体类型之间的融合和资源共享还只能见诸理论的探讨，具体尝试只在极小的范围内存在，而且影响甚微。

四、传媒规制行政色彩过浓，不适应媒介融合和规制改革需要

我国现行规制体制尚未应对从产业分立到产业融合的转变，仍然是实行多重管理的分业规制，广电业和电信业建有各自的规制体系，管理部门多而且职权分配相对分散，造成效率低下，增加规制成本，影响公平竞争。另外，我国正处在计划经济向市场经济过渡的改革之中，传媒规制尚未完成从意识形态管理、行政管理向现代政府规制的转变，立法进程相对缓慢，法律体系不健全，规制中行政管理色彩浓厚。目前，与传媒相关的，以专门法颁布实施的只有《著作权法》《广告法》。另外在一般法中，《反垄断法》与之相关，而广电行业的《广播电视管理条例》《广播电视设施保护条例》《音像制品管理条例》以及《卫星电视广播地面接收设施管理规定》，以及电信行业的《电信条例》、互联网行业的《互联网信

息服务管理办法》等是由国务院颁布实施的行政法规。除此之外，大量存在的是法律层级和法律效力较低的部门规章，而且有关部门经常采用自上而下的行政手段，譬如颁布命令通知等规范性文件，规制的随意性强，缺乏长远规划，也很难公正地反映民意。有些规制部门具有多重角色，既当运动员又当裁判员，很容易出现权力"寻租"的现象，损害公共利益。与此同时，传媒业又处于不断深化市场经济改革与试图预防和矫正市场失灵的双重变化之中，同时这些变化又具有不同指向——在传媒市场化的过程中维持政治性规制，有限度地、逐步地放松经济性规制，适时调整内容规制。[5]各种利益集团，中央与地方、政治与经济、国内与跨国之间的利益博弈也使得传媒规制政策的制定和变迁具有很大的不确定性。

我国很早就开始审查和规范新媒体内容，并且将传统媒体内容管理的要求施加其中，规制尺度较严，但标准模糊，可执行力差，在执行过程中就会出现各种问题，某些规制主体会凭主观认定来进行监督和管理，造成规制过度的现象。另外，在规制立法和执行过程中，有关部门很多时候没有考虑互联网环境下传播渠道、服务性质和管控责任的差异，也没有更多地利用行业自律和用户自我约束实现规制目标，减少规制负担。

五、适应全媒体运营的文化信息传播人才匮乏

就编辑记者而言，目前大多数新闻媒体已组建了一支以中青年为主，高学历、知识结构比较合理的队伍，对能从事一般记者和编辑工作的本科毕业生，需求量已近饱和。另外全媒体的时代，需要构建全媒体化的数字信息发布、互动、服务平台。但在传播实践中，突破传统媒体界限的思维与能力，适应融合媒体岗位的流通与互动，具备采、编、播、摄、录、传多种现代传播技能的全媒体人

---

5 尹斌:《中国广播电视规制研究》，博士学位论文，湖南大学，2007年。

才极其匮乏。过去传统的传媒人才培养模式专业划分过细，注重单一媒介的人才培养，已经不能适应全媒体的时代对发展型、应用型人才的需求。

就经营管理人才而言，传媒行业还处在一个从"事业型"行业向"产业型"行业转变的过程，管理层任命、利益分配、资本运营、人才观念等很多方面还处于发展的初级阶段。当前，一方面普通的新闻传播人才过剩，另一方面传媒经营管理型人才非常匮乏，供需矛盾突出。尤其是广告、发行、财务及产业链运营的专业人才更少。由于专业职能部门经营管理人才稀缺，严重影响传媒产业盈利水平，传媒产业在市场化道路上步履蹒跚。因此学界与业界提出了"媒介的竞争就是管理人才的竞争""人是决定媒体竞争胜负的根本因素"、传媒管理者"不懂经营只有死亡"等看法。[6]

就技术人员而言，队伍由多媒体技术，特别是包罗万象的新媒体技术的各类工程技术人员组成。如：软件开发员、数据库管理员、网页设计师、系统工程师、虚拟影像合成师、动画游戏设计师、3G工程师、WEB2.0工程师等。由于新媒体起步晚，再加上条块分割的管理体制，多媒体技术人员传播技术单一，技术创新和融合能力不强，远远不能适应实践发展的需要。[7]

另外、传媒急需培养出一批新型的复合型人才，高校传播专业人才培养目标不明确，文理不兼通、技术与艺术相分离，培养的人才在素质上和技能上与文化传播业的实际需求有差距；媒体尚未建立完善的员工自我培养机制，专业技能培训欠缺，媒体业务只能靠员工自己摸索，相互学习。

6 李明德、庞瑞、付晓庆：《新闻传播学科发展和人才培养问题思考》，人民网，2010年8月20日，http://sn.people.com.cn/GB/190202/190257/200238/12501686.html。

7 李竹荣、董克柱：《高素质复合型传媒人才的培养对策》，《新闻战线》，2009年第10期。

第三节 北京文化信息传播的定位与举措

北京因独特地缘资源而具有综合优势，文化信息传播不仅限于发挥地方传媒的作用，在很大程度上承担着贯彻国家意识形态的建设与传播任务，包括传达中央精神、发布新闻、推广社会教育及文化娱乐等，同时承担着面向世界推动中华文化"走出去"的任务，形成文化的国际影响力与感召力，演绎阐释好"中国声音"和"中国故事"，坚定建设国家文化信息传播中心。

一、充分利用北京文化信息传播的政策优势

20世纪80年代，由于十一届三中全会后的改革开放政策为传播业发展带来了宽松良好的政策环境，北京影视广播、报刊图书出版业等在这一时期得到了快速而持续发展。进入20世纪90年代，在市场经济体制的推行下，我国文化艺术在与市场对接过程中经历着产业化过程，首都北京传媒业也在变革发展的潮流中开始进行相应改革，走上传媒产业化的道路，以逐步适应市场经济要求。1992年6月，传媒业被中共中央、国务院颁布的《关于加快发展第三产业的决定》明确划入第三产业的范畴。十四大召开以后，社会主义市场经济体制得以确立，传媒业开始整体走向市场化，面向市场经营。1995年是中国传媒业发生根本变革的一年，投资传媒业的主体逐渐从政府变化为媒体自身。20世纪90年代以来传媒业改革政策的出台和发展趋势的展望都是最先源自于首都北京的新闻信息传播，并进而得到北京传媒业的直接响应逐步在全国推进。

2001年出台的中央17号文件标志着中国传媒业格局向前发展的重要一步，文件规定，进一步放开媒体公司上市和融资政策。据统计，截止到2012年9月底，我国共有57家文化企业通过上市投融资。从行业分布看，居于首位的是出版业，占比为40%，这些企业

几乎全部为国有控股，国家严格控制着其持股比例，国有资本垄断严重；其次为广播电影电视业，比例为23%；再者，网络文化服务业占比为16%，这些企业借着"技术驱动"的旗号在境外上市的居多；信息传播服务业和影像业分别有4家、3家，占比不足10%，之所以这两个行业上市困难，一个重要的原因就是其产业链盈利模式不够清晰，难以满足IPO上市的要求。[8]当时，受众市场一直强健的《北京青年报》希望成为第一家直接上市的纸质媒体，在2001年完成了新闻内容与经营行为的分离后经北京市财政局、工商局、体改办等相关部门批准后进入上市辅导期，并在2004年作为全国35个文化体制改革试点单位之一，在香港联交所上市，由此从"事业制"转型为"集团控股制"，完成了体制改革，成为中国内地纸质传媒企业第一股。符合现代传媒发展的需要，很好地将公益性文化事业和经营性文化产业结合起来，提高了北京青年报的舆论影响力与市场竞争力。与此同时，从2001年下半年开始，中国电视传媒的发展形势在经历着重大变化，实行频道专业化，合并有线无线，取消县级台并建立省级公共频道。在此发展趋势下，北京电视台将都市化、市井化、时尚化等作为自己的节目特色，以适应在新的发展时期文化信息传播的需求。中央对北京媒介传播也作出了规划要求，在CBD形成以中央电视台、北京电视台、新浪网等媒介机构的聚集地，在北京东部地区形成全国传媒产业中心。[9]

2003年，国家新闻出版总署对全国报纸杂志做了整顿，并在同年6月开始文化体制改革，中央在9个省确立了35个试点单位。体制变革带动媒介改制，北京媒介传播抓住机会在政府管理、行业自律、传媒产业自主经营的前提下，利用利好发展政策谋求更大

8 高宏存、唐瑞雪：《文化企业上市融资问题研究》，《学习与实践》，2014年第3期。

9 惠东坡：《北京地区传播媒介的生态环境》，《北京社会科学》，2005年第4期。

文化北京

发展。2005年，北京城市总体规划将宣武区的功能定位为国家新闻媒体聚集地之一，其目标主要是把北起宣武门，南至南二环滨河路的国际传媒大道发展成为以传媒产业为中心，即以金融、商业、商务、通讯、娱乐等相关配套服务产业为支撑的传媒产业社区，为中外各类传媒机构、集团、组织、企业进行传媒信息、传媒产品汇集、发布、编辑、展示、交流、交易、经营等提供服务。中央作出的一系列决策，目的在于推进我国传媒业改革与文化信息传播竞争力影响力的进一步发展，北京传媒业进入了体制和产权结构变革期，打开了发展与经营的思路，发展了将创意、内容、技术、营销与增值业务等为一体的传媒运营模式，为市场化开拓了更为广阔的空间。

二、整合全国优质文化信息传播资源

北京拥有的优秀新闻文化事业单位数量在全国首屈一指，大约全国五成的出版社以及三分之一以上的报刊社聚集在北京，另外，还有包括如北京广播影视集团、北青集团、北京出版集团和京报集团等众多影视机构和传媒集团等。这些都是北京建设文化信息传播中心不可或缺的重要基础与资源来源，这不包括属地的十多家国家重点建设的国家级媒体传播机构。随着北京传媒业近年来锐意发展，涌现出一大批新锐的传媒企业与媒介机构，比如光线传媒、华谊兄弟等，以及包括新浪网、搜狐网、首都在线等在内的各大网站。这些新兴的、代表着时代最新媒介技术的媒介文化传播平台，满足着北京乃至全国各层次受众日益增长的精神文化生活需要，并摸索出打造传媒品牌与资本运作以及媒介传播娱乐一体化、媒介文娱工业化、优势资源共享等方面的成功经验，极大地推动了北京乃至全国的媒介传播业的巨大发展，产生了深远影响。

北京汇聚了各方实力传媒，北京传媒业在发展过程中与京外传媒联手，以增强媒介传播的市场影响力。2003年，南方日报报业集团与光明日报报业集团合办《新京报》，是我国第一家由不同地区的两个媒体集团合办的大型日报，而且也是我国第一次中央级党报集团与最具有市场开拓力的省级党报集团的合作，现在已经成为北京地区传媒市场中一支覆盖率高的主流纸媒的强势力量。2001年由北大青鸟集团投资，由《人民日报》与《南方都市报》合作创办的《京华时报》，也是跨区域成功合办平面媒体的成功例子，在发行量与传播影响力方面也具有相当实力。同时，北京由于在政策、人才、受众、广告、市场等资源上具有的优势，吸引聚集了很多京外媒体与海外媒体的办事处与分支机构，这些都加强了北京文化信息传播的影响力与辐射力。

三、文化信息传播要走国际化、立体化之路

北京传播的国际化优势在于北京吸引了众多境外新闻媒体在京设有分社、分机构与办事处，我国入世以后，境外传媒业资本以各种方式进入了北京媒介传播市场，比如，中央电视台与富士电视台合作，由富士电视台在手机新闻网站上传播中央电视台的新闻；清华同方与维亚康姆签署合作意向书，整合资源优势，在传统传媒与数字传媒等方面展开多种合作；在北京开通了中美俄三国联手建立的第一个全球高速宽带网络；美国MTV音乐频道与北京电视台合作推出了有一定反响的音乐栏目等。这些来自国际媒介传播的元素对北京本地囿于传统文化而显得较为呆板单一的媒介传播带来冲击，促进北京在文化信息传播方面与时俱进不断探索与变革。

《北京市国民经济和社会发展第十二个五年规划纲要》指出，"适应全球化发展与竞争要求，致力于加强文化产品和服务贸易，构建高效的传播网络，塑造有亲和力的文化环境和社会氛围，鼓励优秀文化走向世界，显著提高首都文化的国际影响力"，"加强文

文化北京

→113←

化传播基础设施建设，积极利用数字传媒、网络技术等现代科技手段，大力发展新兴传播，拓宽文化传播覆盖面和影响力。打造全国领先、具有国际影响力的传媒集团。大力发展文化经纪人市场，发挥其文化营销和文化传播的'渠道'作用。有针对性地开展对外宣传，注重与海外媒体合作，打造'魅力北京'文化品牌。"在面对促进北京文化信息传播进一步发展以及与境外文化信息传播的竞争问题上，北京应对整体的传播环境与传播格局形势进行准确分析，综合利用各方优势资源，吸收采纳各种形式传播的成功经验，不断壮大自身，争取在国际文化信息传播格局中占有一席之位。

四、文化信息传播要重视培育国内外受众市场

北京要建设文化信息传播中心，需要在影视广播、报纸杂志、网络媒体、微媒体、文化产品以及文化贸易等多方面，在全国乃至全世界范围内，形成较大影响力与辐射力。北京的文化信息传播首先要满足北京本地区的受众要求，因为北京人员构成复杂多样，外来人口与流动人口占有相当比例，人员层次、人员素质覆盖社会各个阶层，并且拥有一定数量的国际人口，这些都共同构成了北京文化信息传播受众群的一个基本面貌，由此决定了北京文化信息传播的多元化形态，并且要与国际化接轨。另外，北京城市自身的文化氛围与历史传承，造就了受众对传媒产品、文化信息的更高期许与要求。近年来，北京各种传媒文化迅速涌现，正是适应了受众市场对前沿信息、文化时尚内容等的大量需求。为适应新的传播形势，具有传统优势的中央电视台、北京电视台、《北京晚报》等各种形式主流媒体也在面向受众市场的传播实践中，逐步推进变革与栏目改版，以适应受众的要求。

此外，因为北京是国家政治中心，很多重大事情与重大决策，北京传媒会最快得到讯息，在第一时间做出反应，因此从这个角度

上来讲，也更加需要适应受众对文化信息传播效率的要求。北京传播受众的多元化要求与高素质构成促使北京文化信息传播不断追求更高层次的发展，这就客观要求北京文化信息传播要具有多样的选择性，能够满足不同受众接受新事物与国际前沿信息的要求。做好北京文化信息传播工作需要对国内外受众市场进行细化分析，适应市场需求，拓展北京文化信息传播的国内外发展空间，真正发挥传播中心的功能。

五、培养与聚集文化信息传播高级人才

大量专业的传媒人才，文化传播方面的专门人才是北京建设文化信息传播中心的一个重要保障。现有北京传媒业的人才是经过北京传媒业激烈竞争汇聚起来的素质较高的传媒精英人才。高素质的传媒业人力资源成为北京本地传媒机构、驻京境外媒体争相招揽的人才对象，北京传媒业在这个过程中，突破了地域性的人才闭锁，吸纳了在国内报业采编、经营管理、广告发行等的优秀传媒人才与管理骨干力量，促进北京传媒的壮大发展以及媒介文化信息传播的市场影响力。

第六章
北京建设文化要素配置中心

北京建设成为具有世界影响力的国家文化中心城市，这是党中央对北京的准确定位，是对北京文化的顶层设计，也是北京实现中国梦的发展方向。党中央这些高瞻远瞩又脚踏实地的指示，成为我们将北京建设成为具有世界影响力的国家中心城市的总纲领和总蓝图，也是北京全面建设国家文化中心的动员令与集结号。

那么，国家文化中心城市应当具有哪些核心要素呢？可以说，传统历史文化是文化中心城市的核心要素，在此基础上，培育和形成公共文化服务和文化创意产业。公共文化服务与文化创意产业是文化要素的两大部类，按照公共文化服务与文化创意产业（经济）进行一级分类，在文化创意产业中按照产业、投资和外贸三大领域进行二级分类，在二级分类下，又进行了更为细致的三级分类。

文化要素配置构成如下：

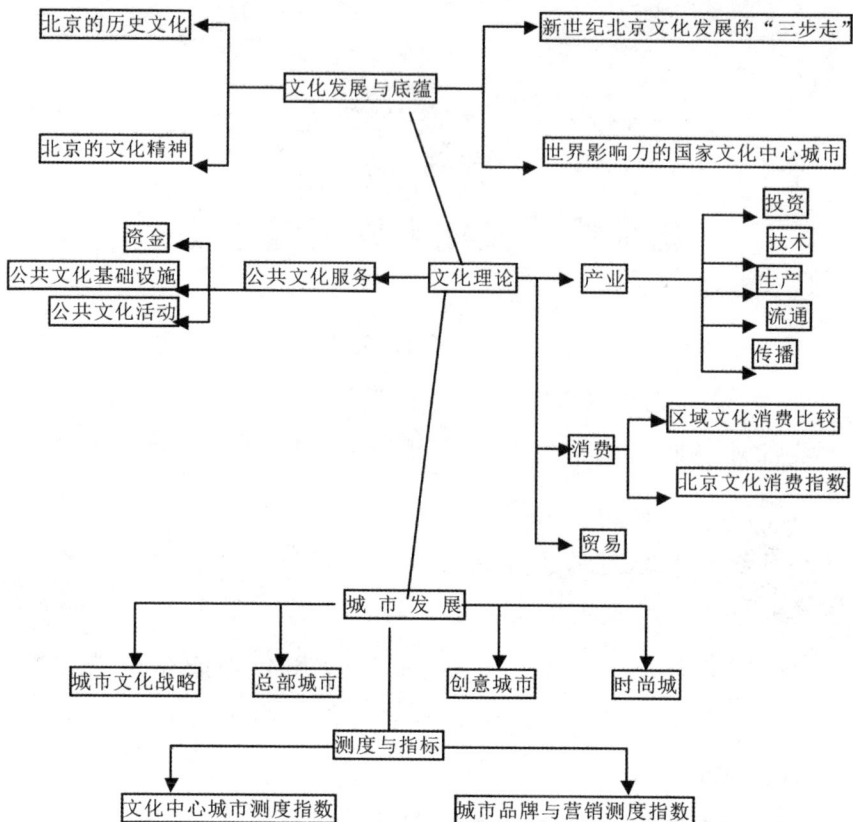

```
北京的历史文化 ←——┐                    ┌——→ 新世纪北京文化发展的"三步走"
                  ├— 文化发展与底蕴 —┤
北京的文化精神 ←——┘                    └——→ 世界影响力的国家文化中心城市

          资金 ←┐                                    ┌→ 投资
公共文化基础设施 ←— 公共文化服务 ←— 文化理论 —→ 产业 —┤  技术
      公共文化活动 ←┘                               │  生产
                                                    │  流通
                                                    └  传播

                                      消费 —┬→ 区域文化消费比较
                                           └→ 北京文化消费指数

                                      贸易

        城 市 发 展
   ┌──────┬──────┼──────┬──────┐
城市文化战略  总部城市      创意城市    时尚城
        │
    测度与指标
   ┌────┴────┐
文化中心城市测度指数    城市品牌与营销测度指数
```

第一节 北京作为全国文化要素配置中心的现状

城市文化要素，主要由三大部类组成，分别是传统历史文化要素、公共文化服务要素和文化创意产业要素。其中，传统历史文化要素，是文化城市要素的基础性配置，这基于每一个城市的积淀。公共文化服务与文化创意产业是现代文化城市的重要支撑，它们一方面关系到基础性文化服务，一方面关系到文化经济，二者在城市发展中担当着文化治理与推进的主体性功能的角色。

一、传统历史文化要素

文化要素配置是在现有文化基础上进行的配置，因此，历史传统文化是所有城市文化配置的基础。北京作为伟大文明的圣地，拥有三千多年的建城史和将近千年的建都史，五朝帝都，不仅是人类文明的发祥地，更留存着大量珍贵的历史遗迹，在这个意义上说，北京建设全国文化要素配置中心城市，首要的文化要素便是传统历史文化要素。

北京作为历史文化名城，丰厚文化遗迹和丰富的文化资源构成了北京浓郁的文化氛围。据统计，北京有7000余处文物古迹，保留了较为完整的明清两代皇家建筑，同时拥有注册博物馆156座，文物藏品332万件；国家综合档案馆17个，已开放档案87.5万卷；拥有公共图书馆25个，总藏量4613万册；拥有重点文物保护单位98处，市级文物保护单位224处；拥有A级以上及重点旅游景区205家。

历史的古迹是前人赐予现代人的不可多得的历史遗产，是人类所处时代和所处地区经济社会文化发展的缩影，标铭了历史的沧桑和文化的记忆，甚至可以说，一座建筑、一处古迹就是一部精彩的乐章，一部宏伟的史诗。而丰富的文化资源是展示城市形象，增强城市区域竞争力的重要资本。因此，在文化建设中，历史遗迹和文化资源不仅有助于现代都市人自身以及自身与城市文化发展的反思性思考，而且能在与历史遗迹的"交流"与"对话"中感知过去、明了现在、展望未来。它能够促使人们深度思索当代人的精神和思想是从哪里来，要到哪里去，使人们在对自我、历史的反思和人与人之间的交往中得到教育，从而增强人们的历史归属感和文化认同感。

发展和弘扬历史名城文化，首先要立足于对历史遗迹和文化资

源的挖掘和保护，尤其是一些古建筑、古文物和古风俗，历史文化遗产和文化资源在文化要素配置中心建设中起着基础性的作用。在北京现代化的进展中，文化是重要的支撑，没有文化的城市必将是一个没有活力和缺乏人文关怀的城市。在长期的发展中，由于对文化的重要性重视不足，一些老建筑老风俗受到了极大的损伤，它们或是年久失修濒于毁灭的边缘，或是已被人为破坏无法持续性的展现或存在，或是基于新发展的需要而被人为拆除、遗忘，完全丧失了其本来的面貌，在这种情况下，文化生态和文化平衡在相当大的程度上受到了破坏。因此，加强对历史文化的保护，制定以保护城市和地区文物古迹、风景名胜及其环境为重点内容的专项规划，正确处理保护与开发之间的关系，分批次、分重点对古建筑、古文物进行有秩序、有原则的开发，在尽可能保护文化遗存的同时，使城市充满历史的厚重感，也彰显出城市的魅力。

二、公共文化服务要素

公共文化服务是城市文化的重要内容，它以保障公民基本文化生活权利为目的，向公民提供公共文化产品与服务。城市的公共文化服务是由若干基本要素组成的有机体，在一系列法律法规、章程规定的程序下有机地运转。公共文化服务的要素既涵盖了公共文化服务设施、公共文化的载体、平台等硬件设施，也涵盖了资金、人才、信息、活动和政策保障等软性配套服务。综合分析公共文化服务内外部各因素的功能及其相互间的关系，构建安排合理、运行良好的公共文化服务机制，是公共文化服务职能提升的关键所在。

公共文化服务体系具体包含着实施重大公共文化服务工程、公共文化基础设施建设工程（各类文化馆、博物馆、图书馆、美术馆、艺术馆、纪念馆和广播电视台、互联网的公共信息服务点和卫星接收设施公共服务管理系统等公共文化设施建设）、公益性群众文化活动的开展等内容。

北京地区的博物馆胜在"博"，门类齐全，不管是藏品数还是参观人数在国内都无人能及。从世界范围来看，北京共拥有162个博物馆，绝对数量较多，在几大城市中排名第二，仅次于伦敦的173个，但是，北京博物馆的相对数量水平不是很高，由于人口基数大，人均拥有博物馆量较少，每百万人拥有的博物馆数量是8个。

公共图书馆的万人拥有量和借书人次，是城市文化水平的重要标志。从国内各城市比较情况来看，北京图书馆的馆藏量和借书人次都遥遥领先。虽然北京图书馆总量与其他城市相比居中，但是人均拥有量少，每10万人拥有的图书馆数量排名末位。

北京演出场所的演出场次、观众人次保持稳定。据统计，目前北京市70家演出场所共有艺术演出 17348 场。从演出场次看，9家大型场馆演出场次245场；54家艺术剧场演出场次16659场，占总演出场次的96%；7家区县影剧院演出场次444场。从涵盖艺术形式看，众多演出场次中，戏曲曲艺、话剧为重头戏，分别占总演出的24%和22%，同时两者共占到了总演出场次的五成。

三、文化产业要素配置

文化生产要素是在生产经营活动中利用的各种经济资源的统称，市场经济要求生产要素以商品的形式在市场上实现流动和配置。任何社会产品的生产都离不开相应的生产要素。文化生产要素作为文化产品生产所必需的资源，不仅具备一般产品生产所需的土地建筑物、资本、劳动力、管理等要素，还包括人的精神活动，如文艺创造与策划等文化产品生产的独特要素。这是文化生产要素区别于一般生产要素的特殊性。一般来说，文化生产包括精神生产和物化生产两个阶段，文化生产力是一种创作、制造精神产品和提供文化服务的能力，不但指生产文化产品和提供文化服务的能力，还

指文化资源在非精神领域或非文化产品中的作用。文化已经成为经济发展的一个基本要素。

北京成为文化生产要素配置中心，依托文化资源进行配置和建设，提高资源使用效率，带动资源地的经济和文化发展，通过合理优化产业布局，形成产业集群，产生规模经济效应、学习效应、互动效应、区域品牌效应以及扩散效应，推动城市、发达区域的文化企业向农村、落后区域合理分散，促进文化经济的均衡发展。北京文化创意产业要素从类别而言，包括技术、生产、流通、传播、消费等环节。

数字化技术是文化创意产业发展的基本动力，面对世界高速创新的变革，我国已将数字技术促进文化发展放在十分重要的位置来积极推动。数字技术的出现还引领了文化产业的发展方向，比如数字化印刷技术影响了出版业发展的走向，如电子出版物、远程网络出版、数字图书馆、网络阅读互动等的出现；数字技术在电影业中的应用使得数字电影成为电影业未来的发展趋向，并促进了手机电影的诞生；数字技术与网络产业以及电影、电视、游戏等的结合诞生了数字电影、交互网络电视（IPTV）和网络游戏等，促进了新形态文化产业的兴起。

文化生产要素是文化产业发展的支撑力量，文化生产要素的市场化配置是文化产业大发展的基础。所谓"支撑力量"是指文化生产诸要素是文化产业系统这个庞大建筑物中的支柱和根基，它从根部承担着、支撑着整个文化产业体系的重量，为文化产业发展提供所需的资金、技术、人才以及相关的保障，从类型上划分体现为土地建筑物市场、资本市场、技术设备市场、人力资源市场、知识产权市场、文化信息市场等。市场离不开交易，离不开供给和购买。

文化流通渠道是文化产品和要素移动的通道，包括本地流通网络和跨区域、跨国流通网络。依据流通内容的不同，文化流通可以分为文化物流和文化要素流。文化物流特指文化产品物流，包括大学城聚集圈、城市书店聚集圈、文化产业基地、文化产品物流中心等。文化流通市场中，知识产权保护是基石。知识产权交易平台建设是维护文化流通市场合理有序运行的保障。北京非常重视知识产权市场的培育和建设，现有三处国家级版权贸易基地，分别为朝阳区北京国家版权交易中心，东城区雍和东方国际版权交易中心，中国人民大学文化科技园人大版权交易中心。

文化传播市场是文化产业链条的必需环节。文化传播市场是文化产品放大和倍增的有效工具。它为文化产品的宣传与营销提供平台和场所，是文化品牌形成，文化产品的推广，吸引消费者形成购买力的重要推手，是文化生产与文化产品消费的中介。北京以独特的区位优势，集中了一大批中央级专业媒体和地方媒体资源，成为全国最大的文化传播中心，比如中央电视台、《人民日报》、人民出版社、北京电视台、北京出版社等。目前，北京市共有传媒机构2346个，其中电视台22家，广播电台12家，各类报纸212种，期刊2100余种。

文化消费要素关系到文化创意产业生产的完成。北京及我国文化市场目前存在的大量民族品牌被国外抢注，自主版权文化精品少，对衍生的外围知识产权开发不够，盗版侵权行为屡禁不止；企业内部则普遍重视有形资产的保护，忽略无形资产被模仿的可能性，缺少知识产权保护的战略规划。北京文化消费的潜力远未释放，对全市经济发展拉动带来的作用还没有显现出来。居民文化消费环境、居民整体的文化消费水平差异等，均涉及文化消费。根据国际经验，当收入突破1万美元后，居民的消费和生活会更追求质量的提高，居民消费不断升级、扩张，其突出表现之一为消费支出中的文化消费比重加大。从整体上说，北京正处在文化消费由基本慢性向高品质阶段的发展。

第二节 推动全国文化要素配置中心建设的对策建议

对于北京来说，公共文化服务体系的建设关系到城市文化形象的塑造、文化吸引力与文化软实力的提升，应被纳入城市文化总体战略的重要组成部分。公共文化服务对北京城市文化空间具有再造作用，支持着文化消费的大众化和城市文化的创新能力。只有把公共文化服务体系嵌入到北京城市文化空间的拓展中，成为空间再造的一部分，才能在整体上实现公共文化在提升城市承载力、激发城市活力的效能。

构建完善城市公共文化服务体系，提供高质规范的文化服务和健康丰富的文化产品，也有助于提高北京的城市生活质量，提升幸福感和认同度，使人们在参加文化创造、享受文化成果的过程中，精神需求得到满足，利益诉求得到表达，文化创造力得到激发。除此，建设公共文化服务体系有助于保护和传承优秀的民族文化，通过公共文化服务的投入和引导，使历史文化资源得到很好的保存和传承，激发全社会参与文化活动的热情和延续传统文化的自觉意识，从而塑造文化自觉、自信和自强的精神。

目前，北京的公共文化服务在总体发展上存在投入总量不足，公共文化设施不完善；公共文化服务由政府主导，主体单一；公共文化服务要素利用率不高，没有充分发展市场导向；公共文化服务要素布局不均衡；公共文化服务要素配置的机制体制创新不够；公共文化服务人才队伍不够健全等问题。为推动公共文化服务要素的培育及发展，北京市的公共文化服务体系建设将以政府为主导，以公共财政为支撑，以公益性文化事业单位为骨干，以全民为服务对象，以基层为重点，推动资本、人才、技术有机融合，构建覆盖城乡的首都公共文化服务体系。

作为城市竞争力的有机组成部分，文化软实力在经济全球化和知识经济时代，日益显示出了增强城市凝聚力、辐射力和影响力的巨大溢出效应。文化创意产业要素市场目前存在的问题主要有：市场主体的缺乏，市场机制的不健全，要素配置的高成本，知识产权、资本和人力资源三大要素的市场配置程度尚不能满足文化生产的需求增长等。

为推动文化创意产业要素的培育，一方面，应完善文化创意产业系统划分与产业要素的界定。文化创意产业的发展是一个系统工程，通过对要素的界定与深入分析实现对文化资源与社会资源的优化整合。运用系统方法可将文化产业系统划分为八个要素：文化资源要素、人力资本要素、技术要素、管理要素、市场要素、环境要素、资本要素、制度要素。其中，文化资源要素是文化产业发展的重要基础和核心要素，基于文化资源嵌入性的特点，具有渗透性作用；市场因素是发展的核心驱动力；具有导向性作用的是制度、管理和人力资本要素；支撑文化产业发展的是资本、环境和技术要素。

其次，文化生产要素市场由土地建筑物市场、资本市场、技术设备市场、人力资源市场、知识产权市场、文化信息市场等多个市场构成，其中交易主体由生产要素的供给者和需求者构成，中介主体由经济代理和信息咨询服务等中介组织构成，政府行政管理作为我国产业市场发展的政策引导者，构成管理主体。北京应更新观念，积极整合城市的文化资源，形成文化产业集群的比较优势，要深化文化管理体制改革，创新文化产业发展机制，要建立科学的人才机制，培养文化产业发展所需要的高端复合型人才，要拓宽文化产业融资渠道，要积极试点，精心塑造文化品牌，延伸文化产业价值链。

最后，增强经济生产和消费互动关系。文化市场包括文化生产市场、文化传播市场、文化流通市场以及文化消费市场。积极培育文化生产要素市场是为了促进文化产业发展，从而提升文化核心竞

争力，最终建设文化强国。而文化消费能力的提高，可以拉动文化需求消费的增加和文化产业的生产发展，这是文化消费与文化产业发展的总关系。我国目前的文化消费环节存在着巨大的缺口，要加强对文化消费与文化生产之间的结构关系，需求结构决定生产结构、产业结构，这是现代产业结构发展变化的一个规律。

第七章
北京建设文化交流展示中心

习近平同志指出，北京要做国际文化交流的中心。改革开放以来，北京作为全国的文化中心，在国际文化交流方面发展迅速，富有成效。北京市制定了文化交流开放性政策法规，引入制度化和法规化管理，国际文化交流项目数量和规模显著增长，国际文化交流的形式更加多样化，"引进来"和"走出去"相互协调，相辅相成。北京市努力创建文化交流品牌，搭建世界性文化交流平台，尤其是奥运会的成功举办和新中国成立60周年等重大活动，进一步增强了北京和世界的文化交流。北京市充分利用友好城市和文化节庆活动，在世界多个国家和地区举办一系列北京文化节、北京文化周等文化交流活动，增强了北京和中国的国际影响力。

第一节 北京建设国际交流展示中心的进展与现状

北京建设国际文化交流中心，通过加强文化基础设施建设增强国际文化交流展示中心的空间承载能力。推动文化贸易发展，不断拓展文化交流渠道，提升文化经济对城市发展的推动力，增强了北京在国际文化交流中的影响力和辐射力。

第一，软硬件设施建设得到大幅提升。一流的硬件设施才能成就一流的文化交流展示基础。大都市国际文化交流离不开良好的硬件设施。作为国际文化展示中心，城市必须具备一定的软硬件条件，从外部产业环境到具体的文化设施建设，都应有相应资源与之匹配。

在硬设施建设层面，北京实施非首都功能向外围空间疏散，调整城市空间布局，同时北京通过"新建与扩建、改造与置换"相结合的模式，北京建成类型各异的综合文化中心，满足不同层级的文化交流活动需求，并在文化场馆的再利用方面积累了经验。博物馆、公共图书馆、大型会议展览场所数量居全国之首；鸟巢、水立方等奥运场馆在世界享有盛誉等。

在软设施建设层面，一方面致力于公共文化体系的建设，满足不同地区居民的实际文化需求，积极培育居民的文化消费习惯。为了改善北京的文化消费结构，2013年，北京举办首届惠民文化消费季，这对一个城市的气质提升，对北京打造世界都市过程中文化标识的确立，对市民文化行为的养成都具有重要的现实意义。另一方面，搭建功能齐全的文化服务平台。北京市从不同层面逐步完善健全产业发展的制度环境，倡导科技与文化的融合、大力培育或引进相关人才，为文化事业和文化产业的发展培育了良好的氛围和条件。此外，北京市政府还强化了自己作为服务型政府的功能定位，为"走出去"和"引进来"的文化交流项目做好咨询、服务工作。一个功能齐全的国际化交流服务平台正在形成。

第二，文化贸易总额增长较快。据北京海关统计数据显示，"十一五"期间，北京文化贸易进出口额从2006年的12.65亿美元，快速增长至2011年的26.79亿美元，5年时间翻了一番多，年复合增长率达16.2%。2011年北京地区文化产品进出口总值达到5.7亿美元，同比增长4.9%，其中，出口1.7亿美元，同比增长16.3%，进口4亿美元，同比增长0.5%。"十二五"以来，北京文化贸易继续保持稳定性增长，2012年北京文化产品进出口额达到6亿美元，同比增长6.3%。

2012年上半年，北京市商务委会同市委宣传部、市文化局、市广电局、市新闻出版局等文化行业主管部门，共同组织北京市企业申报2011—2012年度国家文化出口重点企业和重点项目，共有35家企业通过商务部初审。北京市文化贸易企业主要通过海外授权、项目国际合作、境外直接投资等形式实现国际化运作，更加注重利用具有自主知识产权的原创文化产品和服务拓展海外市场。

第三，文化交流渠道不断拓展。北京市在国际文化交流展示中心的打造中，注重渠道建设。良好的软硬件环境，丰富的文化内容，需要配备畅通多维的交流渠道，才能获得良好的交流效果。

渠道建设的路径主要体现为构筑会展展示平台。近年来，北京承办和培育了一系列重大国际体育赛事和文化节庆交流活动。各类国际性的体育赛事活动、国际旅游节、商务节、购物节、采摘节、时尚节、艺术节、电影节、音乐节等文化节庆活动丰富多彩，这些文化节庆交流活动对于传承中国传统文化、加强中外文化交流、带动首都经济增长都产生了积极影响。每年举办"北京国际教育博览会"和"诺贝尔奖获得者北京论坛"等重大国际活动，积极参加国家级和市级的高层次对外合作交流项目，充分利用友好城市的资源优势，积极打造对外合作交流平台。不断探索尝试文化"走出去"，着力打造"魅力北京"文化品牌，在系列文化年活动中凸显北京的价值，开辟了文化交流的多种渠道。

第四，国际人口和企业总部数量大幅增加。衡量城市人口国际化水平和城市国际化水平的重要指标，是城市中侨民、外国移民以及经商、科研、教学、旅游等方面的外籍流动人口的比重。因为这意味着这个城市是否吸引了足够的世界资本、人才，是否在全球经

济中活跃。作为国际大都市，北京以自己独特的魅力吸引着来自世界各地的人们。在中国的众多城市中，北京已经成为外籍人士来华就业工作的主要目标城市。近年来，来京的外籍人员呈逐年增多的趋势，根据2010年全国第六次人口普查结果，北京共有10.7万港澳台居民和外籍人士居住。

2011年5月，北京世界500强企业总部及跨国公司数量都已经超过纽约和伦敦，世界级跨国公司在北京的分部数量也超过东京。北京市所拥有的世界500强企业总部数量为21家，超过纽约（18家）和伦敦（15家），总部经济特征明显。而在美国《财富》杂志公布的"2013年世界500强排行榜"中，北京2013年世界500强企业总部数量首次达到48家，超越东京成为世界500强企业总部最多的城市。

第二节 北京建设国际交流展示中心的挑战

北京建设国际文化交流中心虽然具备许多优势和先决条件，但是也面临着来自国内外著名城市的竞争与挑战，存在着诸多劣势和不足。这些劣势在一定程度上制约了北京建设国际文化交流中心的进程。

一、北京城市环境综合承载力已处于危机状态，面临严峻挑战

北京的资源和环境承载力是建设一座具有无限魅力与吸引力的国际文化交流展示中心难以绕开的难题，过往的全能型城市建设所带来的环境和资源压力及其后果，还在一直影响着今天的北京。

根据中国社科院和首都经贸大学联合发布《京津冀蓝皮书：京津冀发展报告（2013）——承载力测度与对策》的研究表明，北京现实人口规模已超过其区域承载能力，交通拥堵、用水紧张、教育医疗资源告急、环境污染严重等现象在这座特大城市已经凸显，问题非常严重。蓝皮书根据其所构建的综合承载力指标体系建立了综

合承载力模型，北京分值为1.38，超过警戒线1，表明城市综合承载力处于危机状态，主要原因是城市承载压力过大，而城市支撑力随人口增加而下降。

其中，自然环境方面，水资源极度短缺被视为京城最大的"短板"。按照国际公认标准，人均水资源低于3000立方米为轻度缺水，低于2000立方米为中度缺水，低于1000立方米为重度缺水。2011年北京水资源总量为26.81亿立方米，按照2011年末常住人口2019万人，加上流动人口约240万人，北京市人均水资源占有量仅为119立方米，远低于国际上重度缺水的标准。

水资源枯竭之外，北京还面临严重的大气污染问题。近年来北京的大气质量虽有一定改善，但城区可吸入颗粒物的年均浓度，仍然超过国家标准的42%，是世界卫生组织确定可以接受的区域临界值的两倍。根据北京市环保局公布2013年全市空气质量状况显示，2013年北京空气质量优良的天数为176天，占48.2%，重污染累计58天，占15.9%。2013年北京市PM2.5年均浓度89.5微克/立方米，与年均35微克/立方米的国家标准还存在较大差距。全年PM2.5共有204天达标，达标率是55.9%。北京雾霾预警信号的数量也居其他气候预警信号之首，达到30次。2013年4月2日，英国《金融时报》发表《北京污染赶跑外国人》的文章，指出：从外交官、高管和为外籍居民服务的企业介绍的情况看，空气污染正促使外籍人士离开北京，同时显著加大了企业延揽国际人才的难度。

此外，一些能够反映城市居住舒适度的指标，北京的表现亦不理想。比如公共绿地现代化世界城市人均占有公共绿地面积一般在30平方米以上，而目前北京不足10平方米；另一个问题是：城市空间的无限扩张，导致北京的土地供应量达到了临界点。

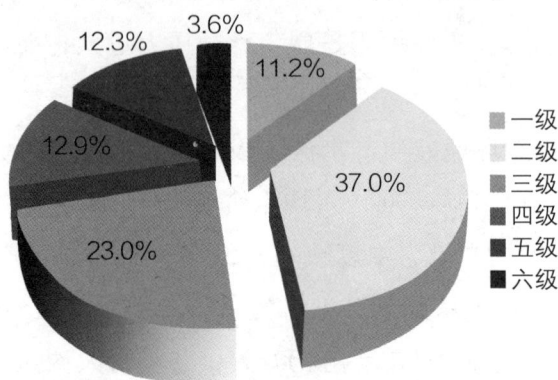

2013年空气质量级别分布情况

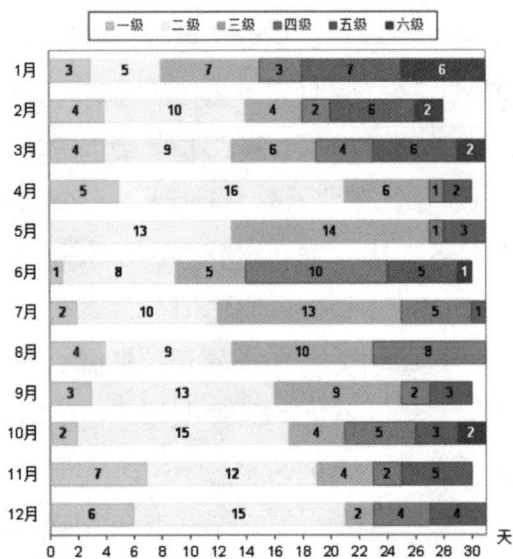

2013年各月空气质量各级别天数（以上两图引自北京市环境保护局网站¹）

二、交通拥堵制约着城市发展

在建设成为先进的国际文化交流展示中心的进程中，首先要面

---

1 http://www.bjepb.gov.cn/bjepb/323474/331443/331937/333896/383912/index.html。

临的是道路交通拥堵问题。目前，北京市城市道路长度已达6258公里，城市道路面积已达9164万平方米，其增长速度呈现出较快增长态势。但是，不可否认的是，北京市道路交通拥挤问题非常突出。根据美国国际商用机器公司（IBM）2010年的一项研究显示，当年北京市与墨西哥城的通勤状况并列世界最差。IBM设定的通勤痛苦指数总分为100分，北京和墨西哥城都得了99分。其中，位列美国交通最差城市之首的洛杉矶的相应指数只有25分。总的来看，洛杉矶通勤表现大大好于北京，北京的交通状况比洛杉矶差出将近5倍。这一状况已经严重影响了城市居民正常的生产生活，同时也成为北京城市国际化进程中所面对的重大难题。随着首都经济社会持续快速发展，城市化、现代化、机动化进程进一步加快，人口、资源、环境矛盾日益加剧，未来数年的北京交通形势依然会异常严峻，这一问题在短期内可能无法彻底克服。

究其原因，人口密度过大、道路面积率较低、路网结构不合理，是以北京为代表的中国城市交通拥堵的关键因素，也是结构性矛盾。这个结构性矛盾不破解，北京城市拥堵就无法得以真正解决。

三、城市功能不健全、不完善，城市配套公共设施的规划与建设缺乏远见

2012年7月，一场突降暴雨使北京近些年来城市建设隐含的一些短板问题得以集中暴露。这场特大暴雨共导致37人丧生，大约190万人受灾，经济损失近百亿元。这场持续近十多个小时的暴雨为北京带来了前所未有的困难和考验，城区多处积水严重，路面交通中断，部分地铁停运，500多架次航班取消或延误。在一些积水严重的街道，车辆如水中孤岛一般泡浮水中，行人只能淌涉在齐腰的水中。当然，城市排涝只是容易让人遗忘的城市公共设施之一。综合来看，北京社区的文化、教育、体育、医疗等公共设施，与世

界城市的成熟社区相比，也有大量隐藏问题值得关注和重视。

四、场馆等基础设施区位不均衡，使用效率低

北京市"十二五"规划指出，到2015年，北京会展场馆硬件设施将达到世界一流水准，室内展览总面积将达到60万一70万平方米。同时，商务部服务贸易和商贸服务业司发布的《2012年中国会展业发展报告》显示，2012年，北京共举办展览会430场，展出面积562.5万平方米，会展场馆8座，可供展览面积29万平方米。就展览馆面积分析而言，随着近年来北京国际展览中心新馆、国家会议中心等现代化场馆的相继投入使用，大大增强了北京展览馆所的硬件条件。客观地讲，单纯的展馆面积已经不是制约北京展览业发展的最大短板。目前在展馆面积上，北京展馆已经逐渐接近世界一流城市展馆，并几乎处于同一水平。但一些场馆的周边基础配套设施不够完善，展览馆布局不合理，市内联系交通不太方便。尤其是一些会展场馆由于建造之初设计定位没有更好地考虑到市场的实际需求，甚至导致建造之后运营不善，与当地经济的发展要求不相符合，出现了一定场馆空置的现象。同时，与展馆相关的停车、餐饮、酒店等方面配套设施亟待进一步完善。

五、更为国际化、开放的人文环境需进一步提升

人文环境是国家交流展示中心建设的重要内容。首先，公共空间艺术是城市的灵魂，缺乏公共空间的城市是不具备持续发展力的。目前北京城市公共空间建设主要存在的问题有两个，一是北京城市公共空间系统尚未建立，目前北京公共空间系统规划相对滞后、无序、低效，仍然处于分散、局部建设局面，缺乏公共空间系统建设概念。二是公共空间艺术化设计品质亟待提升。

其次，营造优良的国际语言环境，提高市民对外交流水平和国

际化意识。在提升城市的国际化水平过程中，北京市对城市国际语言环境存在着诸多需求，包括对高级外语人才、普通市民外语交流能力、窗口行业外语服务能力、公共设施对外服务功能等方面的需求，但这些需求尚不能完全满足，城市的多语言服务网络尚未完善，水平也需进一步提高。未来，如何坚持学校教育和社会教育并重，努力提高外语人口的数量和质量，全面提高外语服务水平，是北京面临的一项长期任务。

最后，相比较其他国际化大都市，北京国际传媒数量不占优势。据外交部统计，截至2013年1月，共有59个国家438家外国新闻机构在华派驻记者，外国驻华记者总数近700名。虽然其中大部分都派驻北京，但绝对数量还是比较小。同时，考虑到国内媒体的国际影响力相对有限，北京要更好地讲述中国故事，传播中国声音，就需要去打造更多更好的宣传的渠道。

第三节 推动北京建设国际文化交流展示中心的路径

一、充分发挥市场机制，加强政府管理方式创新

政府应减少对市场竞争的干预，加大监督管理的力度，由直接管理转变为间接管理，创造公平的市场竞争环境。首先，在组织机构设置上与发达国家接轨，尽快研究设置独立的北京市文化交流展示促进机构作为行业行政主管部门，强化政府层面对北京市国际文化交流展示的统筹与宏观调控、部门协调和资源整合等方面的服务功能，形成推动北京文化交流展示发展的新动力。其次，建立文化交流展示联席会议制度，建立由市政府主要领导担任组长，"北京市会展产业发展促进局"牵头组织，会展相关部门和企业参加的文化交流展示联席会制度，针对文化交流展示发展政策、重大会展

文化北京

项目及活动的申办或举办等议题定期召开联席会议，协调工商、卫生、消防、公安、交警、城管、海关、检疫、知识产权等相关行政管理部门，解决国际文化交流展示中遇到的实际难题。再次，由会展主管机构牵头，在深入调研和吸纳相关政府部门、会展企业和专家意见的基础上，尽快起草出台"北京市会展业发展管理办法"。

二、建立健全文化交流政策规划体系，推动文化展示与交流有序发展

在土地、人才、财政、税收、金融等方面加强针对文化产业发展的政策支持力度。创新土地管理政策，以减少土地租金、暂不征收土地收益、鼓励国有划拨建设用地等方式，引导企业投资参与文化产业项目。完善人才政策，建立文化产业人才服务中心，促进文化产业领军、复合型人才的引进和培养。强化资金支持政策，设立专项资金，加大财政扶持力度。优化金融政策，积极鼓励银行、担保和再担保机构大力开发支持文化产业发展的贷款、担保业务品种，建立金融支持国际文化交流服务体系，为企业提供资金保障。对有自主知识产权和自主品牌文化产品和服务的出口，进一步加大出口退税支持力度。

将文化产业优惠政策向文化会展产业领域适当倾斜。在财政政策上，从北京市及下辖各区县文化产业专项资金中划拨一部分用于成立文化交流展示专项资金；在税收政策上，加大对文化会展企业增值税、所得税等税种的减免优惠力度；在金融政策上，鼓励银行、担保和信托等机构重点开发支持文化会展业发展的贷款、担保业务品种；在人才政策上，促进文化交流展示领域领军人才、复合型人才的引进和培养。

正确的战略决策和发展规划，对文化交流的健康发展具有重要意义。北京应充分重视行业调研工作，组织专门研究机构对当前文

化交流现状进行深入调查，全面掌握文化交流展示市场情况，理性分析文化交流市场需求，研判文化交流展示的未来发展趋势，在此基础上指定科学、系统的发展规划，以确立北京市国际文化交流展示的发展定位和目标，统筹指导国际文化交流展示的发展。

三、完善基础设施，提升服务水平

加强现有专业会展场馆（特别是国际展览中心新馆）周边地区设施配套和功能完善。按照会展商务区或会展产业集聚区的要求配套宾馆、会议中心、商务楼、餐饮以及相关休闲娱乐业态；结合重大展馆设施的建设打造一批高端会议设施场所，通过会议设施与高品质度假环境、特色化休闲设施的有机结合，发展会展旅游；改善展馆周边的交通条件，形成市内外发达的立体交通网络；配备完善的现代化会展设施，包括配备同声翻译系统、图文传输系统和网络会展系统等；吸引会展相关配套企业（广告、公关、搭建、物流、咨询等）入驻，形成集聚效应。

针对城市交通拥堵的问题，在郊区的交通枢纽地带建几个大型停车场，展览公司提供车辆免费接送观众，从而避免大量车辆拥入市区；如展览中心位于城外，就在展馆旁边建大型停车场，在机场、火车站或市中心设临时车站免费接送参观者；观众凭展览会门票可免费乘坐市内公交。为吸引企业和专业观众参展，举办单位可给参展企业邀请的客户给予门票优惠，参展企业可预先从展览公司订购门票后寄给客户。

四、建立健全文化交流的综合服务平台，增进配套服务

建设包含信息交流、人力资源、文化金融、公共技术、企业孵化等公共服务于一体的文化交流综合服务平台。

建设文化交流展示数字化信息服务平台。搭建集咨询、信息发

布、企业宣传、项目和产品展示招商为一体的文化交流展示信息资源共享平台。将线上、线下活动相结合，创设文化创意活动周、文化产业高峰论坛，拓宽文化交流展示信息推广渠道和方式。举办文化交流展示政策讲座，邀请相关领域专家、领导进行政策说明，让企业尽快了解、全面熟悉并认真执行。与德国等文化产业发达国家进行信息服务对接，提升信息交流水平，扩大信息交流范围。

打造功能完善的文化交流展示人才服务平台，从人才培养、引进、激励等角度，解决文化交流展示人才资源短缺的问题。制定人才培养计划，鼓励企业与大学、院所联合，建立一批产学研一体的人才培养基地。支持在高等院校开设相关专业，为企业量身定制，实施菜单式培训，企业设立基金，鼓励人才结合生产实际开展创新实践活动。拓宽新兴文化产业人才引进绿色通道，引进和培育一批具有影响力的大师。做好人才引进的服务保障工作，打造有利于发挥其创造力的工作和生活环境。完善人才激励机制，建立新兴文化产业人才开发专项资金，专款专用，加强对人才投入资金使用情况的跟踪评估，建立投入效益评估制度。

文化交流展示金融服务平台。为解决文化交流展示中小企业融资难题，设立专项资金，引导社会资金进入文化产业，推进企业特别是中小企业投融资服务平台建设，整合银行、产业基金、投资公司、投资咨询机构、担保公司、会计师事务所、律师事务所等投融资及相关服务机构，形成投、保（保险、担保）、贷（银行、小贷公司）、引（引导）联动的中小新兴文化企业融资创新服务体系。拓展网络投融资平台，方便客户端操作和管理，扩大服务范围。建立长期稳定的项目洽谈机制，组织开展文化交流展示项目投融资洽谈会，邀请银行、产业基金和投资公司及文化企业方面的代表参加洽谈。

公共技术服务平台。实施重大技术项目，强化公共服务平台投入力度，解决企业研发设备不足问题，改善企业研发环境。建立并整合行业技术开发中心、创业服务中心、技术发展促进会、企业孵化器、孵化基地、技术培训中心、检测中心等各类公共技术服务平台，追踪、收集、整理技术发展前沿和市场动态，为企业的技术创新活动提供技术平台服务。组织有相同专业技术服务需求的大型文化交流展示企业与高校、科研院所共建一批企业技术中心，满足企业在研究开发、技术转移、成果转化等环节的需求。推动企业技术中心面向社会开放，建立公平合理的收益分配机制，使技术中心的效能发挥最大化，对执行良好的项目、运行效果好的平台和在平台建设中有突出贡献的企业、工作者予以表彰。

为帮助扶持文化交流展示中小企业，打造文化交流展示企业孵化服务平台。提供研发、生产、经营的场地，通讯、网络与办公等方面的共享设施，系统的培训和咨询，政策、融资、法律和市场推广等方面的支持，降低文化企业的创业风险和创业成本。与其他中介机构开展业务联系，吸引专利、法律、金融、会计、咨询、税务、资产评估、技术交易、风险投资等机构参与，为孵化文化交流展示企业提供便利的中介服务，进一步完善企业孵化服务。

第八章
北京建设具有世界影响力的文化中心城市

　　郭金龙同志指出：要在首都城市战略定位上有新认识，努力做到想问题自觉把握城市战略定位，作决策自觉考虑到发挥首都的影响和示范作用，按照战略定位科学规划、科学建设、科学管理。作为全国政治中心，要时时处处讲政治、顾大局，在思想上、政治上和行动上始终与党中央保持高度一致；作为全国文化中心，要弘扬中华优秀传统文化、荟萃民族文化精华，努力打造中国特色社会主义先进文化之都；作为国际交往中心，要不断提高国际影响力，努力打造国际活动聚集之都；作为科技创新中心，要充分发挥科技资源优势，不断提高自主创新能力，努力打造世界高端企业总部聚集之都、世界高端人才聚集之都。

第一节　西方语境下的"文化城市"

　　"文化城市"理念的历史性出场是时代的选择，它首先出现于欧洲的文化语境中。从性质来看，这一理念的出现既是一种发展战略，受到地区和国家层面的推动与重视，又是城市在自身转型发展中实现城市振兴的基本方略和落脚点。

一、欧洲一体化中的"文化城市"

"文化城市"的理念包含在欧洲一体化的进程中。欧洲在全球化和现代化的推进下，一直进行着一体化的努力，且将文化视为一体化的重要内容。1983年希腊文化部长梅尔库丽提出每年评选一座"欧洲文化之城"（European City of Culture）的倡议，认为在"冷战"仍持续的时代背景下，文化是政治、经济之外受忽略的对象，也是消弭政治之间相互对立、经济之间相互制裁所造成隔阂的最佳方式。1985年欧洲部长会议正式启动了这项计划，并得到了欧洲许多国家的响应和支持。在这项计划之下，文化城市的理念初步显现，它成为连接东西方、团结欧洲人民、促进欧洲文化交流与展示、营造欧洲多元文化共识的桥梁和载体。

鉴于计划的深入开展，文化在欧洲城市发展中的作用日益显著，欧盟在1999年正式将"欧洲文化之城"更名为"欧洲文化之都"（European Capital of Culture）。针对更名之后的欧洲文化计划，巴罗佐曾指出："欧洲文化之都是欧盟文化创造性的一面旗帜，……它的实施证明，文化在欧洲政策的可持续性发展层面发挥了重要作用，它不仅关系到欧洲城市和地区的长远发展，也是激活城市活力和创造力、增强社会包容的源泉。""文化是欧盟实现繁荣发展和团结一致战略目标中不可或缺的因素，确保了欧盟以一种更强大的姿态出现在国际舞台上。"[1]这就意味着：其一，文化已成为欧洲城市社会经济发展的重要资本。如2012年作为"欧洲文化之都"的吉马良斯和马里博尔分别举办文化艺术活动约1300场和5264场，其内容涵盖音乐、文学、艺术、戏剧、建筑和民俗等领域，体现了文化在城市发展中具有的活力和创造力。其二，文化是充分整合欧洲资源的重要基础。根据"欧洲文化之都"的相关章程，当选的城市不仅要改善城市本身的

---

1 European Communities. European Capitals of Culture: the road to success from 1985 to 2010[R], European Communities.2009：1.

文化设施，而且要促进欧洲国家之间甚至和其他地区文化领域的国际交流与合作，内容包括培养文化艺术人才、发展亲民艺术、发掘和保护文化遗产、提升城市文化生活质量等。在这个层面上，可以说"欧洲文化之都"成了引导、培育、推动欧洲文化互动的载体，促进了欧洲各国的相互理解与交流。其三，文化是作为整体性的欧洲与世界对话的平台。从世界范围来看，美国的文化霸权仍然无处不在，因此"欧洲文化之都"作为一项计划在城市文化性质和文化发展的层面而言，其意义已经超出地域性城市以及一般性区域或国家文化中心城市的概念和范畴，而是代表欧洲参与国际文化的竞争，在战略上发挥增强欧洲自身的文化身份认同，保卫和强化欧洲的文化独立性、彰显欧洲文化共识和文化特色的作用。

因此，在欧洲一体化进程中的"文化城市"作为政治型和经济型城市之外的一种城市形态，文化既是加强欧洲诸国、城市联系的纽带，有利于文化资源的整合以建立一个统一的文化欧洲，又承担着欧洲文化走向世界的重大责任，是欧洲城市参与世界城市竞争的重要方式。

二、"城市复兴"中的"文化城市"

"文化城市"的理念与城市复兴有着紧密的关联。如果说欧洲一体化只是对文化城市理念的初步揭示，那么在城市复兴中文化城市理念则得到进一步的发展和丰富，一些深层次的内涵在城市的复兴中得以展示。

20世纪下半叶，欧洲的许多城市在经历了快速发展的扩张期后，由于过度开发、资源匮乏、环境污染等因素制约，一些传统的制造业开始转移，使得城市原有的工业生产功能趋于终结，城市经济状况日趋衰败，各种矛盾逐渐显露。正是在解决城市发展面临的各种问题时，文化城市理念作为一种手段凸显了出来。1998年英国成立了以理查德德·罗杰斯为负责人的"英国城市工作组"，在其

提供的《迈向城市的复兴》中指出："城市复兴要求在文化的认识上发生转变，这种转变要通过教育、辩论、交流和参与的过程中完成。文化在这里不仅仅是一种策略，也是一种技能、信仰和价值观念。"[2]可以说在这份被称为"新世纪之交有关城市问题最重要的纲领性文件"中，规定了城市复兴的文化导向，在某种程度上甚至可以认为，城市复兴即是文化城市理念的真实实践。

从总体而言，以文化城市为发展理念的城市复兴在实践上大致体现在以下几个方面。

第一，注重文化发展规划的导向性作用。

城市文化规划是对城市文化资源整体性整合和城市文化发展方向的战略性安排，城市复兴作为一项席卷欧洲乃至整个世界的城市运动，同样需要从战略的高度对文化城市的发展目标、路径选择和措施保障等方面做出规划和指导。如英国伦敦作为工业化完成最早的城市，在经历了工业化辉煌之后同样面临进一步发展经济、改善民生的问题，正是在此背景下伦敦确立了以创意文化为核心的文化城市发展路径，相继以市长的名义出台了三份文化发展战略草案：《伦敦：文化之都——发掘世界级城市的潜力》（2004年）、《文化大都市：伦敦市长2009—2012年的文化重点》（2008年）、《文化大都市——伦敦市长文化战略草案：2012年及其以后》（2010年），逐步实现了由工业城市向文化创意城市的华丽转身，并针对维持世界创意都市地位、着眼未来城市创意文化发展、保持城市文化多样性和激发城市文化活力等问题进行了有步骤、有秩序、有重点的规划。

第二，注重文化对城市物质空间的再造。

城市在发展过程中，城市固有的自然环境和基础设施构筑了城市特有的空间形态和特定风貌。在工业社会的兴盛时期，城市中规

---

2 Urban Task Force. Towards an Urban Renaissance[R]. Urban Task Force.1998：5.

模化的工业区、码头区和工人住宅区构成了城市特有的特色，但随着现代化的推进和后工业化时代的来临，城市逐渐失去了激活城市空间的动力。兰德利曾对破败的鲁尔工业区做过这样的描述："工业化留给鲁尔景观的环境遗患，已到笔墨难以形容的地步：当地环境极度恶化、景观遭污染、矿渣堆积如山、烟囱直入云霄、许多鼓风炉已遭弃置，还有煤气罐处处耸立。随着广泛的开矿活动引发地层下陷，导致下水道坍塌，埃姆舍尔本身已成为开放的小水道；而在状况不佳的日子里，恶臭与异味可能令人难以忍受。"[3]为了实现城市复兴，激活城市空间的发展潜能，优化城市空间结构，文化通过以下方面对物质空间进行改造：(1)废弃建筑的再利用；(2)改善环境；(3)提高城市空间的利用度，减少破坏行为，增强安全感；(4)增强地区自豪感；(5)开发生活/工作空间和综合性功能空间（可持续的开发/适居性，紧凑城市等）；(6)设计团队雇员艺术家；(7)将文化纳入未来规划。[4]文化对城市物质空间的改造，不仅将城市工业遗迹转化为文化资本，推动了城市空间的创意性开发，改变了城市的精神风貌，而且通过文化活动的举办及其艺术设计加强文化与城市空间环境的协调，在文化与城市的互动中，增强城市的文化认同感和情感共鸣。

第三，注重文化对城市经济结构的重组。

文化具有经济的功能，在城市复兴中文化具有的经济功能不仅体现为文化已成长为新的经济增长点，而且逐渐确立了围绕文化进行资源优化配置的产业结构和经济结构。如赫尔辛基围绕"光之力"统筹城市经济，大力发展观光、节庆、会展等文化行业；鲁尔工业区通过工业景观再造和建筑设计提升城市的文化品质，实现工

---

3 查尔斯·兰德利：《创意城市》，杨幼兰译，清华大学出版社，2009年，第149页。

4 G.Evans and P.Shaw. The Contribution of Culture to Regeneration in the UK[M]. London: London Metro Politan University, 2004: 19.

業城市向文化城市的转型发展；科隆则借助网络的力量以艺术城市的姿态迅速崛起，为城市发展辟建了新的经济领域；伦敦在面向创意城市的转型发展中，逐步确立了以创意为核心的产业组织和生产活动。作为转型发展最成功的城市之一，伦敦创意产业对城市经济增长的贡献已超过金融业，伦敦不仅是享誉全球的国际设计之都，是世界三大广告产业中心城市之一，而且拥有2/3以上国际广告公司的欧洲总部，是世界总部经济最为发达的城市之一。伦敦在市长报告中明确指出："文化是伦敦的核心，正是文化造就了伦敦社会、经济和城市外在的显性形式。"[5]可以说，通过一系列面向文化的变革，文化城市的理念在实践中展现出了多样的形式。随着文化经济日益融入现代城市，文化生产、文化传播、文化消费在城市经济增长中的比重日益攀升，文化产业成长为经济增长的主要力量，并推动了产业结构向服务型转变。

第四，注重文化对城市发展的服务性功能。

城市的复兴以文化为导向，它不仅仅是在城市的发展中确立了经济的主导性地位，而且充分重视城市具有的文化服务功能。文化服务以保障城市公民基本权利、满足基本文化需求为核心，能够激活城市文化资源、活跃城市文化氛围、塑造有个性的城市文化形象。如西班牙的原工业重镇毕尔巴鄂在城市复兴中通过完善文化设施使其成为向文化城市转型的典范，著名的古根海姆博物馆既是城市的文化地标，也是城市文化经济的重要动力。据统计，自博物馆开馆以来，毕尔巴鄂平均每年新增过夜停留游客数量779，028人次，新增全职工作岗位约907个，创造的相关产值超过2.11亿欧元。[6]由此，可以认为文化服务与文化产业在城市发展中是一种相

5 Greater London Authority. London Cultural Capital: Realising the potential of a world-class city[R]. Greater London Authority. 2004: 11.

6 西尔克·哈里奇、比阿特丽斯·普拉萨：《创意毕尔巴鄂：古根海姆效应》，焦怡雪译，《国际城市规划》，2012（3），第11—16页。

互匹配交互推动的发展关系，也正如芒福德所指出的："把城市文化设施作为经济目标的行为，城市也为其特定的文化进程赋予了来自更广泛的经济和区域体验所引发的激励。"[7]伦敦、巴黎、纽约、东京等城市十分注重城市的文化服务职能，在智识性文化服务（公共图书馆、博物馆）、展示型文化服务（剧院、电影院、专业音乐厅）、娱乐型文化服务（节庆、夜总会/迪斯科舞厅），以及心灵慰藉型文化服务（宗教建筑）等方面，积极推进文化设施建设，增强城市的文化服务功能，释放其所蕴藏的经济功能。

文化城市理念在城市复兴中得到了充分的实践。在城市复兴的历史语境下，文化成为城市发展新的目标和动力。城市、文化与经济之间彼此联结、相互作用，处于互联互动、优势互补、共同发展的过程中，并展示了城市复兴中文化在文化规划、再造物质空间、重组经济结构和完善文化服务功能等层面的作用和魅力。从整体而言，文化的繁荣有助于激发城市内部的经济活动，带动城市的复兴；同样，经济活动也为城市复兴中文化的生产、创造提供了动力。

第二节 中国语境下的"文化城市"

随着文化时代和城市大竞争的到来，文化城市的理念逐渐为许多城市认可，中国在全球化和现代化的历史进程中亦未脱离此潮流。基于城市文化保护和实现城市创新发展的目的，我国不仅制定实施了《历史文化名城名镇名村保护条例》（2008年）等相关文化政策，还从1982年起在全国范围内开始评选"历史文化名城"，至今已有三批共118个城市获此殊荣。近些年来，北京、上海、深圳等城市围绕文化城市发展，纷纷制定文化发展战略，确立了文化城

7 刘易斯·芒福德：《城市文化》，宋俊岭等译，中国建筑工业出版社，2009年，第358页。

文化北京

市的发展目标和路径。相对而言，我国对文化城市理念的理解与实践，既秉承了文化城市理念的某些特质，与西方欧洲城市的文化转向具有内在的一致性，同时又结合我国城市文化的现状和历史，展示出一定的特殊性。

"文化城市"理念的中国语境大致体现在以下四个方面。

第一，建设文化强国，实现中华民族的文化复兴。

从历史上看，我国是文化最繁盛的国家之一，中国的许多城市在文化方面具有世界影响力。近年，我国将文化强国作为国家战略的重要内容予以突出强调，并认为文化的繁荣与发展，关系到中华民族伟大复兴的实现。城市是国家的载体，城市承担着国家、民族复兴的重任。近代史的经验也证明城市的崛起往往标志着国家崛起，纽约之于美国、东京之于日本、伦敦之于英国莫不是如此。因此在这层意义上，文化城市理念是实现文化强国战略的必然要求，它的实施与成效不仅决定着城市的荣枯隆替，也与中华民族的兴衰际遇息息相关。尤其是随着我国现代化进程和城市化进程的不断加快，中华民族的伟大复兴进入了一个重要的历史时期，文化及文化城市的理念的重要性超出了以往任何一个时代，成为不可回避的历史命题。

第二，参与国际城市的竞争，提升城市文化软实力。

约瑟夫·奈在20世纪90年代末提出了文化软实力的概念，是国家军事力量、经济力量之外的一种国家实力。冷战结束后，在全球化浪潮的推动下，国家与国家的软实力竞争日趋激烈，且这种竞争越来越多地集中在城市之间，即城市间的竞争逐渐代替了国与国的竞争，如奥运会、世博会、园博会的举办城市之争等。在城市大竞争的世纪，城市特别是世界大都市之间的文化软实力竞争成为当代世界最重要的历史事件，文化优势已经成为增强城市竞争力的核心表现形式。北京、上海、深圳、杭州、成都、哈尔滨等申请"世界创意城市网络"的"设计之都""手工艺与民间艺术之都""美食之都""音乐之都"等，紧紧依托城市特色文化资源，着力于塑造个性鲜明的城市文化品位、文化品牌、城市形象，并以此来提升城市的感召力、影响力、凝聚力。这不仅是以优势文化参与国际竞争的重要途径，也是践行文化城市理念提升城市文化软实力的重要形式。

第三，推动城市发展转型，培育新的经济增长点。

目前，城市发展转型是我国城市发展中存在的最为紧迫的任务。在经历了建国后尤其是改革开放三十多年来的快速发展，支撑城市经济发展的资源、能源、环境等基础性要素受到极大的消耗或破坏，城市面临发展的危机。《中国城市发展报告》指出："出口导向为主的外向型发展模式受到严峻挑战；过度依赖廉价劳动力与自然资源、破坏生态环境的产业结构走到了尽头，也是中国城市经济面临的重大问题。"[8]从国际发展经验来看，消费社会和网络信息社会的来临，推动了城市的产业结构的调整，即由原来的二、三、一产业逐次递减转变为三、二、一产业的逐次递减，以文化经济为主要内容的第三产业产值国民经济中的比重大幅上升，并逐渐取代了第二产业在城市发展中的首要性地位，城市的命运也越来越多地与文化资源、文化产品和知识资本联系在一起。因此，从我国城市发展实际和国际经验的发展趋势来看，文化城市理念的出现是推动城市创新发展和继续保持经济增长的必然要求。尤其是在文化与科技融合性发展的推动下，一些文化新业态如设计创意、动漫游戏、数字出版、新媒体等在城市文化经济中发展迅速，进一步推动或增强了文化产业在城市经济发展中的支柱性地位。

第四，完善城市文化服务，繁荣城市文化生活。

繁荣的城市文化生活是城市充满活力的根本保障，它需要有完善的城市文化设施、配套的文化服务来支撑城市的文化消费。由于在我

---

8 刘治彦、付晓东：《中国城市经济发展评价与展望》，中国城市发展报告，社会科学文献出版社，2010年，第141页。

国长期的社会发展中，实施的是外向型经济和投资拉动的战略，对文化设施和文化服务投入的重视度相对不足，使得文化供给与文化需求之间存在较大矛盾。以北京为例，在9项文化设施的对比中，公共图书馆、美术馆、剧院、音乐厅、节庆活动、宗教建筑等项无论是在总量还是人均平均占有量方面都不及纽约、伦敦、巴黎、东京四大世界城市，只有博物馆、电影院、夜总会/迪斯科舞厅的数量具有领先优势。可以说，文化设施的严重不足成为制约城市文化发展和城市文化消费的重要短板。根据2012年的统计数据显示，2011年我国城镇居民的人均文化消费总额为1101.74元，仅占整个居民消费总额的7.2%，这一比例在发达国家则在10%左右，如芬兰是11.30%、丹麦是10.94%、英国是10.76%、荷兰是10.02%、加拿大是9.85%、美国是9.23%、德国是8.94%、法国为8.37%。[9]显然我国文化消费在整个消费支出中的比重偏低，而这与城市文化设施不足有一定关系。国际一般认为人均GDP达到3000美元时文化消费便进入井喷期，人均GDP达到5000美元以上文化消费将有爆发式的增长。2012年我国人均GDP突破6000美元，表明人们对精神文化的需求有所提高，文化消费将成为城市文化生活的重要内容。在这种背景下，文化城市理念的适时提出与实践，既是弥补过去文化发展的欠缺，加快城市基础文化设施建设，也是立足于当下，创造能够丰富城市文化生活、满足人们文化需求的平台和载体，更是着眼于文化服务和文化消费在未来城市发展中的变化和地位，提升城市文化发展水平。

9　中国数据来源中国统计局网站，欧美国家数据参考《国际统计年鉴2013》，中国统计出版社，2013年。

北京与世界主要城市文化设施一览表

指标		纽约	伦敦	巴黎	东京	北京
1.公共图书馆	数量（座）	220	383	830	377	25
	每十万人图书馆占有量	3	5	7	3	0.13
2.博物馆	数量（座）	131	173	137	47	162
	国家级博物馆数量（座）	5	11	24	8	84
3.美术馆	数量（座）	721	857	1046	688	192
	人均参次数（含博物观）	1.9	3.2	2	0.8	—
4.剧院	数量（座）	3752	214	353	230	68
	每年表演的场次	43004	32448	26676	24575	11625
5.电影院	数量（座）	117	108	302	82	126
	银幕数量（块）	501	566	1003	334	676
	每百万人占有银幕块数	61	73	85	25	33
6.专业音乐厅	数量（座）	15	10	15	15	4
	每年表演的场次	22204	17108	33020	15617	1475
7.节庆（个）		309	254	360	485	150
8.夜总会、迪斯科舞厅（个）		584	337	190	73	818
9.宗教建（座）		50436	13974	9255	90433	114

说明：第1、2、3、5、6、7、8项纽约、伦敦、巴黎和东京数据参考World Cities Culture Report 2012；第9项数据参考《推进全国文化中心建设》（红旗出版社，2012年）。北京数据主要参考《2012北京市统计年鉴》。其中北京美术馆数量为美术馆、艺术馆和画廊的总和，数据来源为北京市文化局；北京专业音乐厅每年表演场次来源《北京市演出市场统计与分析》；北京节庆数量参考《北京节庆排行榜出炉八成人热衷参与节庆》，来源新华网；北京夜总会、迪斯科舞厅数量为统计年鉴公布的娱乐场所数量（不含电子游艺厅、网吧等）。

通过以上论述，文化城市理念及其实践既体现了我国在全球化进程中参与国际城市竞争，积极进行文化转向的时代发展潮流，又体现了我国城市在现代化过程中，以产业结构调整为契机，培育新的经济增长点，加快城市发展内在机制创新，谋求城市转型发展的内在要求。同时，文化城市作为我国城市发展的新主题，有利于在城市文化的发展中探索出一条既保障文化的公益性，又充分注重文

化的市场性，既坚持艺术原则，又兼顾市场原则的发展之路，对推动城市文化的协调、有序、健康发展具有积极意义。

第三节 "文化城市"理念的理论内涵

前已述及，文化城市已然是践行在中西方城市中的发展理念，作为特定语境中的特定理念，它反映了不同城市社会经济的客观条件和整体状况，展示了文化城市理念不同层次的内涵。从总体而言，作为一种主导时代发展的价值观念，文化城市的理论内涵大致可以从理论本身的发展逻辑和城市发展的阶段性进程两个层面进行阐释。

一、作为理论形态的"文化城市"

从理论形态的发展逻辑来看，文化城市是一个当代性范畴，是对当代城市与文化关系的再认识。城市与文化之间存在着密切的关联，文化城市作为融合着城市与文化双重因素的产物是人文社科领域的重要议题。芒福德等认为城市是文化的载体，发挥着贮存、传播、交流、创造和发展文化的作用，而文化是城市的灵魂，是城市质的内在规定。"城市不只是建筑物的群集，它更是各种密切相关并经常相互影响的各种功能的复合体——它不单是权力的集中，更是文化的归极。"[10]由此，芒福德在人类文化的证据上阐释了美索不达米亚、古埃及、古希腊—罗马文明、中世纪基督教文明、近代工业文明等语境中城市的发展。但在严格意义上讲，这里所言及的文化城市仅仅是发掘了以往城市研究曾被忽略的文化层面，或者多侧重于城市的文化形态的研究，并未将文化城市置于城市唯一或绝

---

10 刘易斯·芒福德：《城市发展史——起源、演变和前景》，宋俊岭等译，中国建筑工业出版社，2005年，第91页。

对主导性的位置。

如果说在以往对文化城市的研究中，较为重视文化与城市起源、发展的关系，更多的是追溯文化城市的历史源流和发展脉络，那么作为当代的文化城市理论则更多关注的是作为目标定位和功能的文化城市，是对当代城市与文化关系的重新阐释。

日本学者矶村英一在对文化城市进行界定时突出其作为文化定位的内涵，指出文化城市"较多地保存了文化财富的历史城市，或建设了近代的文化设施的城市，称之为文化城市。这类城市，又多属于观光城市或学园城市。并且，与人们常常用"文化"这个词一样，所谓文化城市，并不是说，现在的文化水平高，常常是作为城市建设的目标。"[11] 与矶村英一不同，左大康侧重文化城市所具有的文化功能，认为文化城市是"以宗教、艺术、科学、教育、文物古迹等文化机制为主要职能的城市"，按文化功能的不同，可以分为宗教型城市、艺术教育型城市、文明古迹型城市等。[12] 从总体来说，强调目标定位的文化城市与强调功能的文化城市二者并不矛盾，在某种意义上，只有文化功能完备的城市才能称为文化城市，而文化城市目标的实现也有赖于城市文化功能的充分发挥。易言之，文化城市视域下，仅探讨城市的历史文化积淀是没有意义的，它更重视文化资源的开发和利用在城市发展中具有的核心性地位。正因为如此，加拿大学者谢弗指出随着文化时代的莅临，在当今城市及世界未来的发展中文化是一支关键力量，"文化和民族文化应当成为社会的中心内容，成为城市、地区、国家和国际发展的主导内容。"[13] 所以，在新的时代条件下，文化城市理念的当代性与以往研究的差异主要体现在研究的重点和文化的功能定位上，以往的

11 矶村英一：《城市问题百科全书》，黑龙江人民出版社，1988年，第176页。
12 左大康：《现代地理学辞典》，商务印书馆，1990年，第731页。
13 D.保罗·谢弗：《经济革命还是文化复兴》，高广卿等译，社会科学文献出版社，2006年，第384页。

研究大致是在城市的载体上研究文化，城市仅是文化的一种"容器"，而当代的文化城市研究则是在文化的载体上研究城市，文化是城市发展的重要驱动力。当代语境中的文化城市研究在城市发展的目标定位和实践路径上深化了文化与城市的关系，加强了以文化为基础的经济活动构成和社会服务，凸显出文化在城市发展中的主导性功能。

二、作为城市发展新阶段的"文化城市"

从城市发展的阶段性进程来看，文化城市是城市发展的高级阶段。在宏观层面上，城市的发展经历了区位型、资源型、投资型等为主要驱动力的发展过程，在这些发展阶段，文化仅是处于一种从属性的地位，与文化相关的文化生产活动在整个城市经济发展中的地位微不足道。但城市的发展转型，以资源和投资拉动经济发展方式的穷途末路，为文化城市的发展提供了契机。之所以说文化城市是城市发展的高级阶段，主要是因为文化城市的理念及实践体现出如下特征。

其一，当代文化城市的发展高度依赖文化与创意，已探索出一条内生型的发展模式。内生型的城市发展模式是当代城市发展的重要路径之一，它着力于城市的可持续发展。城市在长期的发展中以自然资源、投资等作为城市发展的主导，但资源的枯竭、资金链的断裂往往成为城市发展的制约。但相对来说，文化与创意却是城市发展取之不竭的资源，因此，文化转向中的城市发展，推崇现代创意对城市内部蕴藏的文化资源的开发和利用，强调文化艺术和创意人才对经济的支撑与支持，借助于城市自身的文化资源、创意资本、文化生产、文化消费等实现城市发展的持续性。与以自然资源为基础的物质化产品形态相比，文化城市理念下的产品偏重于精神性的生产，具有符号性、象征性的特质，含有较高的经济附加值。

文化城市的发展路径表明它不同于过去依赖区位、资源和投资的发展模式，而是充分依赖城市自身的文化潜能和创造力，将文化和创意视为城市发展的核心与动力，是一种自然资源节约型、环境友好型的城市发展类型。

其二，当代文化城市注重文化业态对城市的贡献，文化产业成长为城市经济增长的支柱型产业。发达的城市文化经济和丰富的城市文化生活是文化城市建设的重要任务，它不仅顺应的是城市内生型发展的必然要求，也是城市发展文化转向的必然诉求。在文化城市中，以影视制作、出版发行、演艺娱乐、会展节庆、广告设计、休闲旅游、信息服务、软件开发、艺术品交易、咨询策划等为代表的文化产业是城市发展的核心增长极。如纽约尽管只有几百年的建城史，但以"百老汇"为代表的文化活动推动了城市经济的发展。2012年以百老汇音乐剧为核心的时报广场经济圈年度营业总额逾1100亿美元，占全市年总产值的18%，文化娱乐业已成为纽约市仅次于金融业的第二大支柱型产业，也正因为如此市长布隆伯格指出：文化"是纽约保持世界最伟大城市之一地位的基础"。[14]文化产业对城市的贡献，说明文化的潜力和创造力已得到挖掘和展现。尤其是随着我国一些城市提出"文化强市""文化立市"等理念，城市发展在我国已具有了文化自觉的意识，文化作为一种核心要素在城市诸要素构成中逐步获得了发展的优先性。

其三，当代文化城市强调文化与科技、经济的融合，注重多种要素的一体化发展。在文化城市的发展中，虽然文化在多种要素中的位置被置前，但绝非意味着文化与科技、经济绝缘。相反，当代城市中文化的根本观念是通过"越界"达成与其他行业或领域的"融合"。即文化城市所注重的文化是一种科技的文化化、经济的

---

14 李大玖：《纽约的金字塔文化投资》，《团结报》，2013年8月24日第5版。

文化化，而文化城市在实践中，文化也正经历着文化的科技化、文化的经济化。谢弗指出："正如文化时代的形成需要结合经济时代和其他许多因素一样——这种结合源于文化时代固有的更加广泛、更加深刻和更加根本地对生命、生活、现实、发展，以及世界体系的认识——经济时代的支配力量也将被结合到并且受制于文化时代的关键要素，而不是受到这些要素的排斥。"[15]之所以能够融合，一方面在于文化本身具有极强的渗透性和包容性，另一方面是由于在文化城市中文化发挥着一种导向性的作用，具备统筹一切社会发展因素的力量。文化与科技、经济等要素的融合一体化发展，不仅是城市文化产业提升竞争力和实现产业升级的根本途径，也有利于增强城市自身的文化软实力和硬实力。

可以说，文化城市的理论内涵是丰富和多元的，它彰显了这一理念在发展过程中的巨大开放性和包容性。在本质上，文化城市是一种不同于资源型、工业型的新城市发展模式，体现了时代的发展特征和文明发展的新高度。它以文化为中心对城市的构成要素进行重新整合与转换，构建一个以文化和创意为内生动力、以文化产品的生产和体验为产业终端、以城市文化服务和城市文化生活为主要内容的城市文化生态，是融合着传统与创新、物质与精神、科技与经济，以适合人的生存和社会全面发展的新型城市理念与形态。

第四节 北京政府间国际文化交流现状：友好城市、文化年

国际友好城市活动是我国对外开放的重要平台；是国家总体外交的重要组成部分；是我国地方政府外交和城市外交的重要渠道；

---

15 D.保罗·谢弗：《经济革命还是文化复兴》，高广卿等译，社会科学文献出版社，2006年，第385页。

也是我国公共外交和民间外交的重要载体。到2012年年底，我国有30个省、自治区、直辖市（不含港澳台）和404个城市与五大洲130个国家的438个省（州、县、大区、道等）和1336个城市建立了1936对友好城市（省州）关系。2008年首届中国国际友好城市大会在北京举行。来自35个国家的77个省、州、市及外国地方政府组织、姐妹城协会领导人、友好人士以及我国30个省50个城市的地方政府领导人和友城代表约500人与会。2010中国国际友好城市大会10日在上海举行颁奖仪式，对中外友好城市进行表彰，近40个中国省份和城市分别获奖。北京市等30个省份和城市获得国际友好城市交流合作奖。

北京市政府向市十三届人大常委会第十七次会议书面提交的《关于北京市同国外缔结友好城市情况的报告》显示，本市已经与全球45个城市缔结了市级友好城市关系。从1979年3月14日北京缔结首个市级友好城市——日本东京都以来，本市对外交流的国际空间不断扩大，友好城市布局更加合理。目前与本市缔结市级友好城市关系的共有43个国家的45个城市，其中欧洲有19个，亚洲有11个，南北美洲、大洋洲和非洲共计15个。2010年本市推进与相关友城在奥运、体育、教育、旅游、园林、环保、卫生、城市管理等方面的交流合作，并开展本市与世界城市的比较研究和世界500强企业在各友好城市发展状况的调研，为首都发展总部经济、建设世界城市建言献策。

[16]经北京市委市政府批准，《北京市"十二五"时期国际友好城市工作发展规划》（以下简称《"十二五"友城发展规划》）正式印发。"十一五"时期，在市委市政府的正确领导下，在中央有关部门的有力指导下，全市友城工作实现了跨越式的发展。过去五年是首都友城数量增长最快、交往最为活跃、合作最为深入、服务国家外交全局和促进首都经济社会发展效果最为明显的时期之

16 http://www.bjfao.gov.cn/wsdt/news/index.htm北京市人民政府外事办公室。

一。在新的发展阶段，友城工作面临新的机遇和挑战。科学编制《"十二五"友城发展规划》，对于科学指导全市开展友城工作，更好地服务国家外交和全市中心工作，进一步提升首都现代化和国际化水平具有十分重要的意义。作为北京市首个市级友城工作专项规划，《"十二五"友城发展规划》系统总结了过去五年全市友城工作取得的成绩，描绘了"十二五"时期友城工作科学发展的蓝图。规划明确了友城工作的指导思想、基本原则和发展目标，从服务国家总体外交、完善友城交往格局、建设中国特色世界城市、促进经济社会协调发展、扩大对外文化交流、加强和创新友城管理等六个方面阐述了友城工作今后五年的重点任务和实施路径。

较有代表性的是"2013国际青年组织论坛暨北京友好城市青年交流营"，来自26个国家30个城市的32个国际青年组织、202名营员参与了此次活动。活动由两个主题组成，国际青年组织论坛以"青年，让城市充满活力"为主题，参会的32个青年组织负责人及部分国内组织代表将分别就"青年与城市发展""青年与城市融入"及"青年与创新创业"展开交流，探讨青年与城市发展的关系。友好城市交流青年营活动以"相约北京，传递梦想"为主题，将"发现有意思的北京"作为活动主线。活动共设计12项单元活动，让营员走进北京的方方面面，引导各国青年营员共同寻找、感受、记录北京城市故事，认识一个美丽开放的北京。同时在园博会共建"青年林"，开展"青年与城市"主题论坛，感受北京的现代发展与蓬勃朝气。主办方设立各国青年相互交流、学习的活动平台。注重体验团队实践，使各国青年切身感受中国北京古老文化与现代科技的激情碰撞。国际青年组织项目洽谈会上，还签订了北京市青年联合会与阿根廷首都青年联合会青年友好访问交流合作项目等多个促进我国与各国青年沟通交流的友好合作项目。

另一个很有代表性的活动是由北京市人民对外友好协会主办的

"中国国学北京文化大讲堂"系列讲座。北京市人民对外友好协会本着"让世界了解中国，让中国了解世界"的宗旨，两年中，先后组织了京昆欣赏、书画鉴赏、书法等多种形式的系列主题讲座。意在向在京外国友人介绍中国文化、历史，向中国朋友介绍世界各国文化。自活动举办以来，受到了在京外国友人的好评。其中太极与养生讲座邀请著名武术及太极拳专家，为来自德、美、俄、古巴等16个国家的驻京使馆外交官、外国专家、友协理事等50余人讲解太极文化。

从总体而言，当代城市在现代化和城市化过程中，城市发展的内外环境、主体和客观等复杂条件为文化城市理念的历史性出场奠定了现实和理论的可能性。作为一种新的发展理念，它建立在世界不断寻求变革的城市发展基础之上，并因这些城市特定的文化基础而具有不同的实践形式，在新兴的全球城市文化体系中以无数未知的方式存在并进行着互动。文化城市理念的历史性出场，意味着文化在支撑城市发展的诸种要素中被置于"突前"的位置，文化与城市的关系逐渐成为理论探讨和现实实践的焦点，城市文化的发展正在成为新的时代命题。